D1664555

Stephanie Rix

Eine Unterrichtseinheit zur Zahnhygiene an einer Schule für Geistigbehinderte

Schüler/Innen erweitern ihr
Wissen über Zahnhygiene

Diplomica Verlag GmbH

Rix, Stephanie: Eine Unterrichtseinheit zur Zahnhygiene an einer Schule für Geistigbehinderte: Schüler/Innen erweitern ihr Wissen über Zahnhygiene. Hamburg, Diplomica Verlag GmbH 2013

Buch-ISBN: 978-3-8428-8393-2
PDF-eBook-ISBN: 978-3-8428-3393-7
Druck/Herstellung: Diplomica® Verlag GmbH, Hamburg, 2013

Bibliografische Information der Deutschen Nationalbibliothek:
Die Deutsche Nationalbibliothek verzeichnet diese Publikation in der Deutschen Nationalbibliografie; detaillierte bibliografische Daten sind im Internet über http://dnb.d-nb.de abrufbar.

© Diplomica Verlag GmbH
Hermannstal 119k, 22119 Hamburg
http://www.diplomica-verlag.de, Hamburg 2013
Printed in Germany

Inhaltsverzeichnis

Vorwort

Meine Ausbildung zur Fachlehrerin am Pädagogischen Fachseminar in Karlsruhe begann im Februar 2012. Die Praxis absolviere ich an der ALS Schule in W. – H. in einer Hauptstufenklasse mit 7 Schülerinnen und Schülern.

In meiner schriftlichen Arbeit habe ich mich aus gegebenen Anlässen für das Thema *Bitte lächeln! Schülerinnen und Schüler einer Hauptstufe der Schule für Geistigbehinderte erweitern ihr Wissen über Zahnhygiene. In einem Kurzfilm präsentieren sie ihre Ergebnisse* entschieden.

1. Begründung des Themas

1.1. Eigene Aspekte

Sowohl eigene Beweggründe als auch Beobachtungen aus dem Schulalltag haben mich zu diesem Thema geführt.

Meine eigene Zahnhygiene ist mir sehr wichtig, wird regelmäßig und gewissenhaft ausgeführt und Vorsorgeuntersuchungen beim Zahnarzt sind für mich selbstverständlich. Dies war nicht immer so. Als Kind und auch später als Jugendliche achtete ich kaum auf eine angemessene Zahnpflege und mied es sogar zum Zahnarzt zu gehen. Glücklicherweise begriff ich noch rechtzeitig, dass Vorsorge die beste Möglichkeit ist, um Zahnerkrankungen, Schmerzen und hohe Behandlungskosten zu vermeiden.

Im Schulalltag sehe ich vermehrt, dass der Hygiene nicht immer ausreichend Beachtung geschenkt wird. Gerade für Schülerinnen und Schüler einer Hauptstufe halte ich es für unumgänglich, sie für die Notwendigkeit der Zahnpflege zu sensibilisieren, ihnen das nötige „Handwerkszeug" mitzugeben und Vorgehensweisen beizubringen. Denn auf dem Weg zum Erwachsenwerden und in Richtung Selbstversorgung wirkt ein sauberes, lückenloses Lächeln gleich sehr viel freundlicher und ansprechender.

1.2. Lebensbedeutsamkeit für die Schülerinnen und Schüler

Die Pflege der Zähne gehört zur Körperhygiene wie das regelmäßige Duschen und Hände waschen. Gerade für Jugendliche ist das äußere Erscheinungsbild wichtig. Sie möchten ordentlich gekleidet sein und hübsch aussehen. Sicher trifft dies nicht - oder zumindest noch nicht - auf jeden Schüler dieser Klasse zu.

Allerdings zeigt sich das Bedürfnis der Schüler, auch außerhalb der Schule Freundschaften zu schließen und einer Gruppe von Gleichaltrigen (*„Peergroups"*) anzugehören, zum Beispiel bei der Jugendfeuerwehr, beim Fußball oder in einem Hip- Hop-Tanzverein. Spätestens hier merken die Schüler, dass sie leichter in eine Gruppe von Gleichaltrigen aufgenommen werden, wenn sie sich pflegen, keine schmutzige Kleidung tragen und keinen Mundgeruch haben. Nicht ausgeschlossen zu werden und in einer Gruppe angenommen zu werden, wirkt sich besonders auf unsere Schülerinnen und Schüler positiv aus und stärkt ihr Selbstwertgefühl.

Die jugendlichen Schülerinnen und Schüler befinden sich auf dem Weg zum Erwachsenwerden und sie müssen auch jetzt schon ein gewisses Maß an Selbstständigkeit zeigen. Mutter oder Vater geben ihnen in Bezug auf Hygiene nicht mehr alles vor und erwarten zunehmende Selbstständigkeit. In erster Linie sollte hier auf das tägliche Zähneputzen aufmerksam gemacht werden und den Schülerinnen und Schülern zunehmende Sicherheit im Umgang mit Zahnbürste und Zahnpasta vermittelt werden.

Durch Vorsorgemaßnahmen lassen sich Zahnerkrankungen wie zum Beispiel Karies, Zahnstein, Zahnverlust, Parodontitis verringern. Dies wiederum erspart den Schülerinnen und Schülern Schmerzen, Zahnverlust und auf spätere Sicht betrachtet auch hohe Zahnarztkosten. Gerade der Besuch beim Zahnarzt kann für geistig behinderte Menschen zu einem unüberwindbaren Hindernis werden, wenn Unsicherheiten und Ängste vorhanden sind.

Um sich jedoch wohl im eigenen Körper zu fühlen, muss dieser gesund sein und diesbezüglich nimmt auch die Zahngesundheit einen großen Stellenwert ein.

Hier sollte außerdem die Ernährung nicht ganz außer Acht gelassen werden. Der Konsum von übermäßig zuckerhaltigen Speisen und Getränken schadet den Zähnen und begünstigt die Entstehung von Karies. Den Schülerinnen und Schülern sollte bewusst gemacht werden, was diese Lebensmittel bewirken und dass man sie in Maßen konsumieren sollte.

2. Bezug zum Bildungsplan

Stand 2009

Der Schwerpunkt meines Unterrichtsvorhabens findet sich in folgendem Bildungsbereich:

Bildungsbereich: Selbstständige Lebensführung
Dimension: Selbstversorgung
Themenfeld: Körperpflege und Hygiene

„In der Schule werden die Schülerinnen und Schüler angeleitet, durch Körperpflege und Hygiene für ihr körperliches Wohlbefinden und ihre Gesunderhaltung zu sorgen. Die Schule berücksichtigt dabei kulturelle, familiäre und persönliche Wertvorstellungen. Dies gilt auch für Fragen der Kosmetik und des persönlichen Erscheinungsbildes, die insbesondere für Jugendliche im Sinne von Aktivität und Teilhabe an Peergroups als wichtig erlebt werden. Hilfeleistungen in der Pflege, die für Schülerinnen und Schüler mit schweren Beeinträchtigungen zur Lebensführung erforderlich sind, werden in der Schule unter Wahrung der Intimsphäre, der Geschlechtsspezifität und unter Berücksichtigung des Lebensalters gewährt."

Inhalt: Mund und Zahnpflege

Kompetenzspektrum: Eigene körperliche und psychische Bedürfnisse wahrnehmen und mitteilen; Alltagsroutinen der Zahnpflege und Hygiene durchführen; eigene Wünsche und Vorstellungen zum äußeren Erscheinungsbild zeigen; Mittel und Techniken der Zahnhygiene kennen und anwenden.

Aneignungsmöglichkeiten: Selbstständiges Putzen der Zähne mit Zahnbürste und Zahnpasta; Aufstellen eines Zahnputzplans; Kennenlernen von Pflegeprodukten.

(Bildungsplan für die Schule für Geistigbehinderte, Ministerium für Kultus, Jugend und Sport Baden- Württemberg, Neckar- Verlag, 2009, S. 141)

3

Außerdem findet sich mein Unterrichtsvorhaben auch in folgenden Bereichen:

Bildungsbereich: **Natur, Umwelt, Technik**
Dimension: **Natur**
Themenfeld: **Mensch**

„Schülerinnen und Schüler erhalten Unterstützung bei der Einschätzung der eigenen Lebensweise (Gesunderhaltung) und erweitern ihre Kenntnisse über den eigenen Körper, um Einflüsse, denen ihr Körper ausgesetzt ist, besser zu verstehen."

Inhalt: Gesunderhaltung

Kompetenzspektrum: Für die eigenen Zähne und deren Gesunderhaltung Sorge tragen.

Aneignungsmöglichkeiten: Pflegemaßnahmen durchführen; zuckerarme Speisen und Getränke zu sich nehmen.

(Bildungsplan für die Schule für Geistigbehinderte, Ministerium für Kultus, Jugend und Sport Baden- Württemberg, Neckar- Verlag, 2009, S. 199)

Bildungsbereich: **Mensch in der Gesellschaft**
Dimension: **Identität und Selbstbild**
Themenfeld: **Ich entdecke meinen Körper**

„Die Schule bietet Möglichkeiten, den eigenen Körper als Erfahrungs- und Lernfeld kennen zu lernen und daraus ein positives Körpergefühl und Körperbewusstsein zu entwickeln. Ein positives Körperkonzept bildet die Grundlage für die körperliche, soziale, emotionale, psychische und kognitive Entwicklung."

Inhalt: Aussehen und Gestaltung des Körpers, körperbezogenes Selbstwertgefühl

Kompetenzspektrum: Körperliche Bedürfnisse wahrnehmen und für deren Befriedigung sorgen; Sinneswahrnehmungen und –eindrücke entwickeln, sammeln und einordnen, Lebenszutrauen über körperliches Handeln aufbauen.

Aneignungsmöglichkeiten: Pflege; verantwortungsbewusster Umgang mit eigenem Körper.

(Bildungsplan für die Schule für Geistigbehinderte, Ministerium für Kultus, Jugend und Sport Baden- Württemberg, Neckar- Verlag, 2009, S. 175)

3. Sachanalyse

3.1. Definitionen der Begrifflichkeiten

Zahnhygiene:
Die tägliche Zahnhygiene beginnt mit dem morgendlichen (und abendlichen) Putzen der Zähne. Neben der Handzahnbürste kann man auch elektrische Zahnbürsten nutzen. Doch die Vibration der Elektrobürste ersetzt nicht die richtige Putztechnik! Man sollte sich mindestens fünf Minuten Zeit für das Putzen nehmen und jeden Zahn einzeln von jeder Seite behandeln. Jeder Zahnarzt erklärt seinen Patienten gerne die besten Putztechniken, bei denen nicht zu viel Druck ausgeübt und der Zahnbelag optimal entfernt wird. Die richtige Bürste sollte mittelharte, abgerundete Borsten und einen kleinen Kopf haben. Man sollte die Zahnbürste alle zwei Monate austauschen.
Zahnärzte empfehlen das Putzen nach jeder Mahlzeit, aber sollte keine Zahnbürste zur Hand sein, kann man auch einen zuckerfreien Kaugummi kauen, der den Speichelfluss anregt. (....)
Die verwendete Zahncreme sollte Stoffe beinhalten, die den Zahn schützen und mineralisieren. In den meisten Zahncremes ist Fluorid enthalten, was die Zähne wirksam vor Karies schützt. Bleichende Zahncreme enthält häufig zu aggressive Substanzen, die besonders empfindliche Zähne angreifen können. (...)

Zweimal im Jahr sollte man seinen Zahnarzt aufsuchen, der auch eine zusätzliche professionelle Zahnreinigung durchführen kann, falls dies gewünscht wird.

http://www.zahnbehandlung-ratgeber.de/zahnlexikon/zahnhygiene.php

Zahnerkrankungen:

Zahnerkrankungen sind nicht nur ein ästhetisches Problem, sondern können zu erheblichen Schmerzen und Schäden führen.

http://www.onmeda.de/krankheiten/zahnerkrankungen.html

Ich möchte hier nur auf die am häufigsten auftretende Zahnerkrankung eingehen:

Karies: Karies, oftmals auch als "Zahnfäule" bezeichnet, ist eine der häufigsten infektiösen Zahnerkrankungen der industrialisierten Welt. Hauptursachen der Karies sind Bakterien in der Mundhöhle, die den Zucker aus der Nahrung zu Säure zersetzen. Diese Säure greift die Zahnsubstanz an – im fortgeschrittenen Stadium entstehen dann Löcher im Zahn. Fast jeder Mensch ist in seinem Leben einmal von Karies betroffen. (…)

Karies kommt zwar häufig vor, eine korrekt durchgeführte Zahnprophylaxe kann diese Erkrankung der Zähne aber effektiv verhindern. Dazu gehören eine sorgfältige Zahnpflege (regelmäßiges Zähneputzen und Mundspülungen), Fluoridierung der Zähne, regelmäßige Zahnarztbesuche und eine zahngesunde Ernährung.

http://www.onmeda.de/krankheiten/karies.html

Zahngesunde Ernährung:

Die Ernährung spielt für die Zahngesundheit eine entscheidende Rolle. Die Nahrungsauswahl beeinflusst sowohl Aufbau und Härte des Zahnschmelzes als auch die Entstehung beziehungsweise Vorbeugung von Karies. Nicht allein der Verzicht auf Süßigkeiten macht eine zahngesunde Ernährung aus. (…)

Die Konsistenz unserer Nahrung ist zunehmend weicher geworden, sodass eine mechanische Reinigung der Zähne durch feste Nahrungsbestandteile häufig eingeschränkt ist. Wer seinen Zähnen etwas Gutes tun möchte, greift auch mal zu Lebensmitteln, die ordentlich gekaut werden müssen – z.B. Brot oder rohes Gemüse. Das reinigt nicht nur die Zähne, sondern regt auch die Speichelproduktion an.

Zucker- und stärkehaltige Speisen bieten den Bakterien unserer Mundhöhle die Grundlage für die Säureproduktion, die wiederum Karies nach sich zieht.

http://www.onmeda.de/zahnmedizin/zahnpflege/zahngesunde_ernaehrung.html

Zahnarztbesuch:

Je früher Erkrankungen an Zähnen, Zahnfleisch und im Mundraum erkannt werden, desto schonender und schmerzarmer ist die Behandlung.

Voraussetzung dafür sind die halbjährlichen Kontrolluntersuchungen beim Zahnarzt. Noch besser: Die Erkrankungen entstehen erst gar nicht. Auch dazu trägt der Zahnarzt bei.

http://www.gesundheit.de/wellness/gesunde-zaehne/zahnpflege/regelmaessiger-zahnarztbesuch-die-basis-fuer-lebenslange-zahn-und-mundgesundheit

Fluoridzufuhr:

Eine Kariesprophylaxe ist lebenslang, d. h. so lange eigene Zähne vorhanden sind, notwendig. Eine kontinuierliche Fluoridzufuhr spielt dabei die entscheidende Rolle. Mit der bei uns üblichen Ernährung nehmen Erwachsene durchschnittlich 0,4 - 0,6 mg Fluorid pro Tag zu sich. Für die Stoffwechselfunktionen im Körper ist diese vergleichsweise niedrige Zufuhrmenge ausreichend, nicht jedoch für einen optimalen Kariesschutz. Deshalb wird eine zusätzliche Fluoridzufuhr empfohlen, die z. B. über Speisesalz erfolgen kann. (…)
Ab Schulbeginn sollten Kinder ihre Zähne mit Erwachsenenzahnpaste putzen - sie enthält 0,10 bis 0,15 Prozent Fluorid.

http://www.kariesvorbeugung.de/html/karies_empfehlungen.htm

Kurzfilm:

Ein Kurzfilm (engl. *short (film)* oder *short subject*) definiert sich als Gegenstück zum Langfilm ausschließlich über seine Länge. Ein Kurzfilm kann also ebenso wie der programmfüllende Spielfilm sämtliche Filmgenres bedienen. (…)
Die Länge eines Kurzfilms beträgt in der Regel weniger als 30 Minuten. Allerdings sind die Grenzen hier nicht klar definiert.

http://de.wikipedia.org/wiki/Kurzfilm

3.2. Elementarisierung

Da das Themenfeld der Zahnhygiene sehr umfangreich ist und auch Inhalte umfasst, welche für die Schülerinnen und Schüler der Schule für Geistigbehinderte nur schwer fassbar und umsetzbar sind, möchte ich mich auf einige wesentliche Schwerpunkte beschränken. Hierbei nehme ich das Prinzip der Elementarisierung auf, das unsere Arbeit begleitet.

Elementarisierung „beschreibt einen Prozess der Annäherung zwischen dem Lernenden und dem Bildungsgegenstand." (…)

„Bei der Elementarisierung handelt es sich nicht um eine Vereinfachungsstrategie, sondern um praktische Überlegungen, basierend auf einer wechselseitigen Betrachtung von Inhalt und Person,…"

(Schüler mit geistiger Behinderung unterrichten, Terfloth/ Bauersfeld, Ernst Reinhardt Verlag München Basel, S. 86, Elementarisierung)

In erster Linie möchte ich die Schülerinnen und Schüler dafür sensibilisieren, wie wichtig es ist, die Zähne zu pflegen und welche Auswirkungen eine mangelnde Zahnhygiene auf die Zähne haben kann. Dies umfasst folgende Schwerpunkte:

- Zahnpflege: Sinn und Ziele einer angemessenen Zahnpflege; Zahnputztechnik; Zahnpflegeprodukte
- Was schadet den Zähnen? Auswirkungen mangelnder Zahnpflege: Karies, Zahnverlust, Schmerzen

- Was schützt die Zähne? Was brauchen die Zähne, um gesund zu bleiben? Fluorid, zahngesunde Ernährung

3.3. Möglicher Bildungsinhalt

Das Unterrichtsvorhaben bietet eine Vielzahl an Lernmöglichkeiten:

- Verschiedene Zahnpflegeprodukte kennenlernen, unterscheiden und erwerben: Handzahnbürste, elektrische Zahnbürste, Zahnpasta, Zahnseide, Mundspülung,…
- Zahnputztechniken: KAI- Formel, von „rot nach weiß" putzen
- Motorischen Ablauf des Zähneputzens üben
- Zahnputzablauf: Wann? Wie lang? Wie oft putzen? Eigenen Zahnputzplan erstellen
- Zahnarztbesuch: Beratung durch externen Zahnarzt
- Zahnerkrankungen: Karies, Zahnstein, Parodontitis,…
- Auf sein äußeres Erscheinungsbild achten: Zahnbelag, Mundgeruch
- Mitschülern bei der Zahnpflege helfen

3.4. Aneignungsmöglichkeiten

Basal- perzeptiv	- Produkte fühlen (Zahnbürste) - Wassertemperatur fühlen - Geruch und Geschmack wahrnehmen (Zahnpasta, Mundspülung)
Konkret- gegenständlich	- Zähneputzen, am Modell üben - Zahnputzartikel anwenden - Versuch Fluorid und Ei durchführen

Anschaulich	- Anhand eines Films Zahnputz-
	  technik beobachten
	- Zahnputzablauf anhand von Bil-
	  dern planen und dokumentieren
	- Bilder betrachten und zuordnen

Abstrakt- begrifflich	- Arbeitsblätter zu Themenschwer-
	  punkten schriftlich bearbeiten
	- Verbale Anweisungen zum Dreh
	  des Kurzfilms befolgen

4. Schülervoraussetzungen

4.1. Schule

Die ALS- Schule ist eine öffentliche Schule für Geistigbehinderte. Schulträger ist der O. Gegründet wurde die Schule 1969 von der Lebenshilfe K. und ist nun seit 1973 in W.- H.

Drei Besonderheiten der ALS – Schule sind der Bogensport, an welchem auch die Jungen der Klasse begeistert teilnehmen, die Schulpferde, auf denen unsere Schülerinnen und Schüler reiten können (begleitet wird das Reiten von einer Reittherapeutin) und die Teilnahme an den Special Olympics.
Zweimal im Jahr kommt eine Zahnärztin in die Schule und kontrolliert die Zahngesundheit der Schülerinnen und Schüler.

4.2. Klassensituation

Die Hauptstufenklasse 1 besteht aus 7 Schülerinnen und Schülern im Alter zwischen 10 und 13 Jahren. Davon sind 5 Jungen und 2 Mädchen. Die Klassensituation besteht nun seit 2 Schuljahren in dieser Form und die Schülerinnen und Schüler haben sich gut in der Klasse eingefunden. Die Klassendynamik ist weitestgehend als harmonisch zu bezeichnen. Die Schülerinnen und Schüler kennen die Klassenregeln und halten sie ein.

Nur gelegentlich kommt es zu kleineren Reibereien unter den Jungen der Klasse. Dann handelt es sich manchmal um De., der die anderen Jungen durch kindliche Sticheleien oder dem Verstecken von Gegenständen zu ärgern versucht. Vor allem Ch. fühlt sich sehr schnell von ihm angegriffen, sucht dann jedoch meist Hilfe bei einem Erwachsenen, was die Situation wieder entschärft. L. und Da. dagegen „rächen" sich an De., indem sie ihm zum Beispiel etwas wegnehmen.

In letzter Zeit kam es zudem hin und wieder zu Beleidigungen der Jungen gegenüber B., der häufig von der Gruppe ausgeschlossen wird. Die Lehrkräfte achten darauf derzeit verstärkt.

Gelegentlich kommt es zu aggressivem Verhalten von M. gegenüber den Lehrkräften. In einer Supervision wurden die weiteren pädagogischen Schritte auf Grund ihres Verhaltens besprochen. Vor allem in den Pausen und während des zweiten Unterrichtsblockes geht M. sehr ungestüm auf die erwachsenen Bezugspersonen zu, zieht an deren Kleidung, drückt sie mit ihrem Körper fort, spuckt oder drückt empfindliche Stellen wie zum Beispiel den Hals.

Als derzeitige Lösung werden M. Bewegungsmöglichkeiten oder – je nach Situation- Ruhephasen angeboten, so geht sie zum Beispiel mit der Praktikantin im zweiten Unterrichtsblock vorwiegend Spazieren oder Fahrrad fahren. Die körperliche Betätigung tut M. sehr gut und beruhigt sie meist wieder. Da mein Unterrichtsvorhaben im zweiten Block stattfinden wird, werde ich nach eigenem Ermessen entscheiden, ob M. an dem jeweiligen Tag teilnehmen kann oder ob sie nur an den praktischen Teilen des Unterrichtes teilnimmt.

Kreatives Spiel zeigen in erster Linie die Jungen in den Pausensituationen. Besonders gern spielen sie Fußball, Tischkicker, Basketball oder fahren Kettcar. Hier lassen sich hauptsächlich Ch. und De. beim Fußball spielen miteinander beobachten, aber auch L. und Da. spielen gemeinsam. Die Konstellationen variieren meist. Gerne bilden sie auch Teams und spielen gegeneinander. B. ist in der Pause auf das Fahren eines bestimmten Kettcars fixiert und teilt dieses mit unterschiedlichen Schülern.

D. liebt es, Roller zu fahren, hält sich jedoch auch bevorzugt bei einem Erwachsenen auf. In letzter Zeit hat ihre Fürsorge gegenüber M. zugenommen und sie möchte diese oftmals nicht allein lassen. M. versucht dann, für sie unangenehme Aufgaben, wie zum Beispiel ihr schmutziges Geschirr in die Küche bringen, auf D. zu übertragen.

Unterrichtet werden die Schülerinnen und Schüler hauptsächlich von der Klassenlehrerin Frau G. (Fachlehrerin). Im ersten Unterrichtsblock finden Lerngruppen statt, in welchen die Schülerinnen und Schüler der Hauptstufenklassen gemischt in homogenen Gruppen unterrichtet werden.

4.3. Schülerbeschreibungen

Hier möchte ich nun einen Gesamteindruck über die einzelnen Schülerinnen und Schüler in Bezug auf ihre Persönlichkeit, ihre Fähigkeiten und Kenntnisse vermitteln.

4.3.1. M.

M. ist ein aufgewecktes, freundliches und kontaktfreudiges 12- jähriges Mädchen mit einer mentalen Retardierung (geistige Behinderung), einer Sprachentwicklungsstörung, einer motorischen Koordinationsstörung, sowie stereotyper Selbststimulation. Ihre Körpergröße entspricht ihrem Alter und sie ist übergewichtig.

Sie befindet sich nun im 7. Schulbesuchsjahr an der ALS- Schule.

Sozial- emotionaler Bereich:

M. ist eine aufgeweckte und sehr kontaktfreudige Schülerin. Sie wirkt meist fröhlich und freundlich. Auffallend ist ihre Distanzlosigkeit. Sie geht auf fremde Menschen ohne Scheu zu und umarmt Erwachsene überschwänglich. Dabei kann sie auch recht ungestüm sein.

Ihre emotionalen Schwankungen sind Tagesform abhängig. Sie zeigt sich fast immer anlehnungsbedürftig und freundlich. Es kann jedoch auch zu Momenten kommen, in denen sie aggressiv wird (spucken, kratzen, treten, beschimpfen). Leider kommt dieses Verhalten derzeit häufig vor.

Oft zeigt sie stereotypes Verhalten, indem sie zum Beispiel mit einem Schal oder einem Tuch vor ihrem Gesicht wedelt. M. ist sehr auf erwachsene Bezugspersonen fixiert.

Sprache/ Kommunikation:

M. ist sehr kommunikationsfreudig und verfügt über ein gutes Sprachverständnis. Sie spricht meist in 3- Wort- Sätzen. Ihre Ausdrucksfähigkeit ist im Alltag deutlich umfangreicher als bei gezielten Fragen.

Lern- und Leistungsverhalten:

M. folgt dem Unterricht aufgeschlossen und aufmerksam.

Sie beteiligt sich aktiv am Unterrichtsgeschehen.

Bekommt M. klar strukturierte Arbeitsanweisungen, kann sie diese allein durchführen. In Einzelfördersituationen außerhalb der Klasse kann sie sich besser konzentrieren und bei einer Sache bleiben. Ihre Vorlieben liegen bei praktischen Aufgaben wie zum Beispiel prickeln mit der Nadel, puzzeln, Bilderbücher betrachten oder Mandalas malen.

Möchte M. eine Aufgabe nicht erledigen oder fühlt sie sich von dieser überfordert, bleibt sie einfach sitzen oder behauptet, auf Toilette gehen zu müssen.

Kognition:

Mit einem klar strukturierten Ablauf der Stunde kann sich M. in der Kleingruppe bis zu 20 Minuten gut konzentrieren. Auf ihr unbekannte Lernangebote reagiert sie schnell mit Ablehnung und versucht, die Aufmerksamkeit der Lehrkraft für sich allein zu gewinnen.

M. liest fast alle Großbuchstaben sicher, unsicher wird sie nur bei den weniger gängigen Konsonanten. Sie erkennt sehr schnell und genau bereits gelernte und gelesen Ganzwörter und vor allem Namen.

M. ist fähig die Zahlen 1 bis 4 zu erkennen und zu benennen.

Nach mehrmaliger Wiederholung kann M. die entsprechenden Uhrzeiten der Tageszeit im Stundenplan zuordnen.

Motorik:

M. bewegt sich gern, muss aber dazu motiviert werden. Außer jedoch wenn sie unruhig und nervös ist, dann hat sie wenig Kontrolle über sich selbst und geht auf und ab.

M. ist Rechtshänder. Ihre Stifthaltung ist gut, sie schreibt nicht, kann aber Zahlen und Buchstaben großspurig nachfahren. Sie kann angemessen essen und trinken und schenkt sich zum Beispiel auch Getränke selbst ein. Reißverschlüsse und Knöpfe bekommt sie allein nicht zu.

Sie bastelt nur, wenn man sie dazu auffordert und schneidet, klebt und reißt Papier dabei gut.

Lebenspraktischer Bereich/ Selbstständigkeit/äußeres Erscheinungsbild:

M. wäscht sich selbstständig. Manchmal muss sie jedoch daran erinnert werden, zum Beispiel an das Händewaschen vor dem Mittagessen.

Zudem muss man bei M. auf Gründlichkeit achten und sie zusätzlich anleiten, da sie das Waschen schnell erledigen möchte. Ihre Zähne putzt sie auf Anweisungen, jedoch sehr schnell und zu kurz. Die Zahnpasta schluckt sie vorwiegend herunter. Möglicherweise bekommt sie zu Hause ihre Zähne von der Mutter geputzt. Auf ihr Äußeres achtet M. selbst nicht, allerdings bekommt sie hier viel Unterstützung von ihrer Mutter. Im Schulalltag kann es vorkommen, dass man M. daran erinnern muss, dass sie zum Beispiel die Hose oder den Pullover zurecht rücken soll, da sie selbst nicht darauf achtet.

M. ist sehr stark auf Gerüche in ihrer Umgebung und bei ihren Mitmenschen fixiert. Es fällt ihr sofort auf, ob Jemand frischen Atem hat, geraucht hat, ein neues Parfüm trägt oder die Haare frisch gewaschen hat.

Sie benutzt gern Hygieneprodukte, die sie von der Verpackung her ansprechen (zum Beispiel Haarspray von „Prinzessin Lillifee") und gut riechen. Hier ist sie besonders leicht zu motivieren.

Außerdem isst M. sehr gern und viel. In der Schule isst sie angemessene Portionen, gern auch Obst und Gemüse.

4.3.2. D.

D. ist ein fröhliches und hilfsbereites 12-jähriges Mädchen. Es ist ihr 7. Schulbesuchsjahr. Bei ihr wurde eine geistige Retardierung vorgewiesen, sowie eine Gaumenspaltung, was ihre undeutliche Aussprache erklärt und sie ist motorisch eher ungeschickt.

Sozial- emotionaler Bereich:

D. ist eine sehr fröhliche und begeisterungsfähige Schülerin. Gegenüber ihren Mitschülern ist sie mitfühlend und hilfsbereit. Sie geht offen auf ihre Mitmenschen zu und sucht häufig Körperkontakt. Gegenüber Erwachsenen ist sie sehr anhänglich und sucht deren Kontakt. Nach wie vor spielt D. leidenschaftlich gern Rollenspiele. Bevorzugt imitiert sie Situationen aus dem Alltag, wie zum Beispiel Lehrer spielen, Tisch decken, kochen, Baby versorgen, einkaufen oder Arztspiele.

Sprache/Kommunikation:

D. ist ein sehr kommunikationsfreudiges Kind. Sie teilt sich gerne über die Sprache mit. Sie spricht spontan in kurzen und einfachen Sätzen und scheut sich auch nicht, vor der Gruppe zu sprechen. Leider versteht man sie nicht immer, da ihre Aussprache undeutlich ist und man muss genau hinhören, um zu verstehen, was sie sagen möchte. Begleitend und unterstützend werden Gebärden eingesetzt. D. versteht einfache, verbale Anweisungen.

Lern- und Leistungsverhalten:

Der Stundenplan ist für D. eine wichtige Orientierung im Schulalltag.

Sie braucht während des Schulalltags immer wieder ihre Auszeit in offenen Spielphasen, die sie gerne in Form von Rollenspielen nutzt oder indem sie puzzelt, malt oder Papier für Bastelarbeiten schneidet und klebt.

D. arbeitet noch recht langsam und lässt sich leicht ablenken.

Bei Problemen meldet sie sich und bittet um Hilfe. Regelmäßige Wiederholungen, sowie kleine überschaubare Lerneinheiten sind für sie sehr wichtig. Ihre Stärken liegen eindeutig im Praktischen und Konkreten.

Im Unterricht arbeitet D. motiviert mit. In Einzelfördersituationen kann sich D. besser konzentrieren.

Kognition:

D. Konzentrationsspanne ist recht kurz (bis zu 30 Minuten). Bei praktischen Tätigkeiten kann sie jedoch länger bei einer Aufgabe bleiben.

D. liest fast alle Großbuchstaben und wird nur bei weniger gängigen Konsonanten unsicher.

Sie erkennt sehr schnell und genau bereits gelernte und gelesene Worte und vor allem Namen.

Mit Hilfe von Stundenplanbildern, Wochentagen und Uhrzeitensymbolen erhält D. Orientierung. Die Zuordnung von vollen Uhrzeiten gelingt ihr mit leichter Unterstützung.

D. kennt alle Ziffern in der richtigen Reihenfolge, wie auch aufgelöst im Zahlenraum bis 12.

Motorik:

D. ist sehr bewegungsfreudig und ausdauernd bei Bewegungsangeboten, vor allem bei Kreisspielen.

D. malt und bastelt sehr gern. Beim Schneiden und Kleben braucht sie Unterstützung, da ihre Bewegungen ungeschickt sind. Sie ist Linkshänderin, ihre Handschrift ist krakelig und sie schreibt von rechts nach links.

Lebenspraktischer Bereich/ Selbstständigkeit/ äußeres Erscheinungsbild:

Beim An- und Ausziehen und Duschen im Schwimmunterricht benötigt D. noch Hilfe von einem Erwachsenen. Häufig muss auch zusätzlich auf ihre Körperhygiene geachtet werden.

D. putzt als Einzige morgens in der Schule ihre Zähne. Aus Zeitmangel ist ihr dies vor der Schule zu Hause nicht möglich. Hierfür benutzt sie eine elektrische Zahnbürste, da ihr die Bewegungen mit einer Handzahnbürste noch schwer fallen. Sie braucht Anweisungen beim Zähneputzen, ansonsten würde sie nur eine einzelne Stelle putzen. Dabei ist sie sehr ausdauernd beim Putzen und lässt sich Zeit.

Manchmal ist sie wund an den Lippen und muss eingecremt werden.

D. achtet selbst nicht auf ihr äußeres Erscheinungsbild und braucht diesbezüglich Unterstützung. Hin und wieder kommt es vor, dass sie mit schmutziger Kleidung in die Schule kommt.

D. isst sehr gern und viel. Oftmals verspürt sie kein Sättigungsgefühl und muss daran erinnert werden, dass sie genug gegessen hat.

4.3.3 Da.

Da. ist ein freundlicher und in der Schule sehr beliebter 12- jähriger Junge. Bei ihm wurde eine geistige Retardierung diagnostiziert. Seine körperliche Entwicklung ist seinem Alter entsprechend.

Seine Aufgabe als Klassensprecher nahm er im letzten Schuljahr sehr ernst. Es ist nun sein 6. Schulbesuchsjahr.

Sozial- emotionaler Bereich:

Da. geht auf alle Menschen offen, charmant und freundlich zu. Er beteiligt sich selten an Streitereien. Falls er einer Auseinandersetzung nicht ausweichen kann, sucht er sich Hilfe bei einem Erwachsenen. Er kennt die Klassenregeln und hält sie ein. Gewissenhaft und zuverlässig erledigt er kleinere Aufgaben, wie zum Beispiel Briefe zum Briefkasten bringen oder einkaufen gehen. Manchmal kann Da. jedoch auch vorlaut werden und versucht dabei, Grenzen auszutesten – diese sollte man ihm dann ganz klar aufzeigen.

Sprache/Kommunikation:

Da. hat einen guten, aktiven und differenzierten Wortschatz. Er kann in Mehrwortsätzen Erlebtes sinngemäß wiedergeben, dabei ist sein Redefluss fließend und seine Aussprache deutlich. Er kann seine Bedürfnisse adäquat mitteilen und gegebenenfalls auch verbal einfordern. Da. kann sich allein über die sprachliche Ebene Teile des Unterrichtsinhaltes aneignen und kann einen komplexen Handlungsauftrag nachvollziehen.

Lern- und Leistungsverhalten:

Da. beteiligt sich interessiert am Unterricht und bereichert diesen mit seinem Wissen und seinen Ideen. Durch seine Lernfreude kann er Andere motivieren und zur Mitarbeit ermuntern. Da. zeigt sich aufgeschlossen am Unterrichtsgeschehen und stellt von sich aus Fragen, die den Lernprozess der Klasse fördern. Er ist arbeitsfreudig und ausdauernd, außerdem arbeitet er sehr ordentlich und erledigt seine Aufgaben meist bis zum Ende.

Da. arbeitet bevorzugt in Partner- sowie in Einzelarbeit. Trotz seines selbstständigen Arbeitens besteht Da. gern auf die Anwesenheit eines Erwachsenen.

Kognition:

Da. kann bis zu eine Stunde konzentriert an einer Aufgabe bleiben und diese zu Ende bringen.

Seine Lesekompetenz hat sich im letzten Schuljahr deutlich gebessert. Bei intensiver Begleitung und guter Konzentration liest er sinnentnehmend Sätze mit bis zu acht einfachen Wörtern.

Da. erledigt Additionsaufgaben im Zahlenraum bis 20 mit Hilfe linearer Abzählmethoden, wie dem Abzählen an den Fingern oder dem Rechenschieber.

Da. kennt das Datum und kann die Uhrzeit bestimmen.

Motorik:

Da. ist sehr bewegungsfreudig und aktiv. Seine Bewegungsabläufe sind flüssig und kontrolliert.

Bei feinmotorischen Aufgaben zeigt er sich sehr geschickt, arbeitet ordentlich und genau. Seine Handschrift ist gut lesbar.

Lebenspraktischer Bereich/ Selbstständigkeit/ äußeres Erscheinungsbild:

Da. zählt zu den selbstständigsten Schülern der Klasse. Gerne übernimmt er kleinere Aufgaben im Schulgebäude oder der näheren Umgebung.

Er hat ein gepflegtes Äußeres, wäscht sich selbstständig und seine Kleidung ist sauber.

Zu Hause wird sehr auf Hygiene geachtet. Da. putzt morgens und abends seine Zähne und geht regelmäßig zum Zahnarzt. Dies stellt für ihn eine Selbstverständlichkeit dar. Er weiß viel über Art und Weise der Zahnpflege und kennt verschiedene Produkte. Nachts trägt er eine Zahnspange.

4.3.4. Ch.

Ch. ist ein freundlicher und aufgeschlossener 13- jähriger Junge mit einer geistigen Retardierung. Seine körperliche Entwicklung ist altersgemäß. Es ist nun sein 7. Schulbesuchsjahr.

Sozial- emotionaler Bereich:

Ch. ist sehr höflich, hilfsbereit und kooperativ. Er versteht sich sehr gut mit seinen Mitschülern. Er bietet Anderen gerne Hilfe an und kümmert sich sorgfältig um jüngere Mitschüler. Erwachsenen gegenüber ist er sehr höflich und zuvorkommend. Ch. hält sich an Spiel- und Klassenregeln und zeigt besondere Ideen und Einfallsreichtum bei der Umsetzung von zum Beispiel Rollenspielen.

Sprache/Kommunikation:

Ch. hat einen aktiven und differenzierten Wortschatz. Er kann in kurzen Sätzen Erlebtes sinngemäß wiedergeben, dabei ist sein Redefluss fließend und seine Aussprache deutlich. Er kann seine Bedürfnisse adäquat mitteilen und gegebenenfalls auch verbal einfordern. Ch. kann sich allein über die sprachliche Ebene Teile vom Unterrichtsinhalt aneignen und kann einen komplexen Handlungsauftrag nachvollziehen. Er kann gut zuhören. Neu gelernte Begriffe kann er sachgemäß verwenden. Beim Erzählen von Erlebtem erinnert er sich oft nur teilweise oder gar nicht an etwas.

Lern- und Leistungsverhalten:

Ch. folgt aufgeschlossen und aufmerksam dem Unterricht und beteiligt sich aktiv am Unterrichtsgeschehen mit eigenen Beiträgen. Dabei belebt er den Unterricht mit viel Interesse und vor allem durch fantasievolle Beiträge. Erfahrenes und Gelerntes kann er sinngemäß anwenden und übertragen. Er stellt themenbezogene Fragen zum Unterricht und er bringt eigene, lösungsorientierte Ideen ein. Aufgaben müssen für ihn klar und überschaubar sein, damit er selbstständig arbeiten kann. Mit Arbeitsmaterial geht Ch. sorgfältig um. Er arbeitet besonders gern in Partnerarbeit.

Kognition:

Ch. konzentriert sich bis zu eine Stunde auf eine Aufgabe und erledigt diese mit äußerster Präzision und Sorgfalt.

Bei intensiver Begleitung und guter Konzentration beginnt er sinnentnehmend zu lesen. Er liest dann Sätze mit bis zu sechs Wörtern. Zum Lesen muss er oft motiviert werden. Allerdings vergisst er nach dem Lesen oftmals, was er eigentlich gelesen hat.

Additionsaufgaben im Zahlenraum bis 20 fallen ihm anhand der linearen Abzählmethode mit Hilfe seiner Finger oder dem Rechenschieber leicht.

Ch. kann den Kalender lesen, kennt die Monatsnamen und das Datum. Er kennt die Uhr und kann bestimmte Tagesereignisse einer Uhrzeit zuordnen.

Motorik:

Ch. ist sehr bewegungsfreudig und zeigt keinerlei motorische Einschränkungen.

Für feinmotorische Tätigkeiten braucht er ziemlich lang, erledigt diese dann jedoch mit einer beeindruckenden Genauigkeit. Ch. hat eine sehr ordentliche Handschrift.

Lebenspraktischer Bereich/ Selbstständigkeit/ äußeres Erscheinungsbild:

Auch Ch. zählt zu den selbstständigsten Schülern der Klasse. Er übernimmt gern kleine Aufgaben im Schulgebäude oder außerhalb, wie zum Beispiel Einkaufen beim Bäcker, die Post in den Briefkasten werfen, und erledigt diese zuverlässig.

Ch.s äußeres Erscheinungsbild ist gepflegt, er wäscht sich selbstständig, wobei aus Gesprächen mit den Eltern deutlich wurde, dass er oft daran erinnert werden muss. Zu Hause wird sehr auf Hygiene, auch auf die Zahnhygiene, geachtet. Ch. trägt eine feste Zahnspange und hatte im letzten Schuljahr gelegentlich Probleme beim Essen.

4.3.5. B.

B. ist ein aufgeschlossener und impulsiver 11- jähriger Junge mit einer geistigen Retardierung. Es ist nun sein 6. Schulbesuchsjahr.

Seine körperliche Entwicklung ist altersgemäß.

Sozial- emotionaler Bereich:

B. zeigt sich meistens aufgeschlossen und kooperativ. Sein Verhältnis zu den Lehrkräften ist unbeschwert und er sucht häufig deren persönlichen Kontakt. Er bietet Anderen gern Hilfe an und kümmert sich gewissenhaft um jüngere Mitschüler, wenn er den Auftrag dazu erhält.

Wenn ihn etwas frustriert, kann er auch aggressiv gegenüber Mitschülern werden, laut werden oder gegen Türen schlagen.

Sprache/Kommunikation:

Es macht B. keine Schwierigkeiten, Anderen zuzuhören und auf deren Beiträge themenbezogen im Erzählkreis einzugehen. Er kann immer besser mit seinen Beiträgen warten, bis er an der Reihe ist. B. beteiligt sich gern an Unterrichtsgesprächen und kann auch selbstständig Gespräche in Gang bringen beziehungsweise Impulse geben. Bei Konflikten versucht er durch ein Gespräch Einigung zu erzielen oder zu vermitteln. Er teilt gerne Erlebnisse, Erfahrungen, Vorstellungen und Gedanken mit.

Lern- und Leistungsverhalten:

B. folgt aufgeschlossen und aufmerksam dem Unterricht und beteiligt sich aktiv am Unterrichtsgeschehen mit eigenen Beiträgen. Dabei belebt er den Unterricht vor allem durch originelle Beiträge.

Besonders an praktischen und handwerklichen Tätigkeiten hat er sehr große Freude. An Anforderungen im Lesen, Schreiben und Rechnen wagt er sich lieber, wenn diese an Bewegungsaufgaben geknüpft sind. Besonders in Kleingruppen (Lerngruppen) kann B. konzentrierter arbeiten.

Kognition:

B.s Konzentrationsfähigkeit reicht bis zu eine halbe Stunde und es fällt ihm leichter, in Kleingruppen mit wenig Ablenkung bei einer Sache zu bleiben.

B. liest die Großbuchstaben sicher, lediglich die weniger gängigen Konsonanten bereiten ihm Schwierigkeiten. Er erkennt und erliest geübte und bekannte Ganzwörter und Namen problemlos. B. hat großen Spaß am Schreiben von Buchstaben. Bevorzugt schreibt er mit seinem Schreibfüller.

B. kann im Zahlenraum bis 20 sicher zählen und erkennt die Ziffern.

B. addiert nahezu fehlerfrei im Zehnerbereich. Als Hilfe verwendet er gerne seine Rechenmaschine oder das Kieler Zahlenhaus.

B. kann volle Stunden und halbe Stunden benennen, lesen und zuordnen.

Motorik:

B. ist ein sehr bewegungsfreudiger Schüler.

Bei feinmotorischen Tätigkeiten fehlt ihm meistens die Geduld und er achtet nicht sehr auf Genauigkeit. Seine Handschrift ist leserlich und sauber, jedoch etwas „krakelig".

Lebenspraktischer Bereich/ Selbstständigkeit/ äußeres Erscheinungsbild:

Kleiner Aufgaben im Schulhaus oder auf dem Schulgelände erledigt er gern und zuverlässig.

B. achtet von sich aus wenig auf sein äußeres Erscheinungsbild und muss oft an eine gründliche Körperhygiene, zum Beispiel beim Duschen, erinnert werden.

Zu Hause wird nicht regelmäßig auf Hygiene geachtet. Manchmal hat B. Mundgeruch.

4.3.6. De.

De. ist ein aufgeweckter, impulsiver 10- jähriger Junge, der sich in seiner Klasse sehr wohl fühlt. Es ist nun sein 5. Schulbesuchsjahr. Seine körperliche Entwicklung ist altersgemäß. Bei ihm wurden eine geistige Retardierung, sowie eine Sprachentwicklungsstörung diagnostiziert.

Sozial- emotionaler Bereich:

De. ist sehr aufgeschlossen und kooperativ. Sein Verhältnis gegenüber den Lehrkräften ist unbeschwert und er sucht häufig den persönlichen Kontakt. Er bietet Anderen gern Hilfe an und kümmerte sich phasenweise besonders um seinen kleinen Bruder (Grundstufe, ebenfalls auf der ALS- Schule). De. freut sich immer auch über Leistungen und Erfolge seiner Mitschüler und achtet diese. Manchmal ist er noch unruhig und „zappelig" und es fällt ihm dann schwer, sich für einen längeren Zeitraum auf eine Sache zu konzentrieren. Außerdem kann es vorkommen, dass er durch kleine Neckereien seine Mitschüler ärgert, um dadurch mit ihnen in Kontakt zu kommen. Hier ist ein konsequentes Verhalten der Lehrpersonen notwendig.

Sprache/Kommunikation:

De. ist ein sehr kommunikationsfreudiges Kind. Er teilt sich gerne mit.

Er spricht in kurzen Sätzen. Er ist nicht immer gleich zu verstehen und man muss genau hinhören, um zu verstehen, was er meint. Erfreulich ist, dass De. sich immer mehr traut zu sprechen. Vor allem in ungezwungenen Situationen redet er munter drauflos und teilt sich Mitschülern und Lehrern gerne verbal mit. Noch vor etwa zwei Jahren sprach De.

kaum. Seine Satzbildung ist nicht vollständig und er spricht meistens grammatikalisch nicht korrekt. Manchmal „verschluckt" er Anfangsbuchstaben.

De. versteht einfache verbale Anweisungen.

Lern- und Leistungsverhalten:

De. folgt oft aufgeschlossen und aufmerksam dem Unterricht und beteiligt sich lebhaft und aktiv am Unterrichtsgeschehen. Mit Arbeitsmaterial kann er noch nicht sachgerecht umgehen und muss immer wieder daran erinnert werden, mit dem Material sorgsam umzugehen.

Seine Selbstständigkeit hat sich im Laufe des letzten Schuljahres gesteigert und er bleibt auch über längere Zeit (bis zu einer Stunde) konzentrierter und belastbarer. Manchmal ist er noch sehr unsicher, fragt dann häufig nach oder verweigert eine Aufgabenstellung sogar komplett. In solchen Fällen braucht er viel Zuspruch und Hilfe. Hat er eine Aufgabe verstanden, kann er ausdauernd und zielgerichtet arbeiten. Hin und wieder wird er unruhig und „zappelig", rutscht dann auf seinem Stuhl herum, und kommt erst durch Bewegungsmöglichkeiten wieder zur Ruhe.

Kognition:

De. kann sich bis zu eine Stunde auf eine Tätigkeit konzentrieren. Hier ist entscheidend, ob ihn die Aufgabenstellung interessiert oder nicht. Zeigt er kein Interesse, ist er schnell ablenkbar und wird unruhig.

De. unterscheidet die Buchstaben sicher. Er liest Silben, sowie mehrsilbige bekannte Ganzwörter. Mit Unterstützung beginnt er sinnentnehmend Sätze zu lesen. Er liest dann Sätze mit bis zu vier Wörtern.

Buchstaben kann De. auswendig schreiben, wobei seine Schrift sehr unleserlich ist. Buchstaben und Zahlen schreibt er manchmal verkehrt herum und kann die Formen (rund oder eckig) nicht einhalten.

Am Umgang mit Zahlen zeigt De. großes Interesse. Additionsaufgaben im Zahlenraum bis 20 fallen ihm anhand der linearen Abzählmethode mit Hilfe seiner Finger oder dem Rechenschieber leicht. Meist rechnet er die Aufgaben sogar „im Kopf", das heißt er benutzt keine Hilfsmittel beim Lösen einfacher Aufgaben.

De. kann den Kalender lesen, kennt die Monatsnamen und das Datum. Er kennt die Uhr (Stunden und Minuten) und kann bestimmte Tagesereignisse (Mittagessen, Pause) einer Uhrzeit zuordnen (Stundenplan).

Motorik:

De. ist sehr bewegungsfreudig und aktiv. In der Grobmotorik zeigt er keine Einschrän-kungen, seine Bewegungsabläufe sind sicher.

In seiner Feinmotorik ist De. eingeschränkt und feinmotorische Tätigkeiten fallen ihm schwer. Seine Handschrift ist groß, „krakelig" und schwer zu lesen. Ähnliche Buchsta-ben und Zahlen, wie zum Beispiel 2, 5 oder S, werden manchmal von ihm vertauscht oder eckig geschrieben. Vor allem runde und eckige Formen verwechselt er und schreibt Zahlen oder Buchstaben manchmal auch verkehrt herum.

Feinmotorische Tätigkeiten versucht er weitestgehend zu meiden.

Lebenspraktischer Bereich/ Selbstständigkeit/ äußeres Erscheinungsbild:

De. ist sehr selbstständig, muss jedoch häufig daran erinnert werden, sich zum Beispiel die Hände vor dem Essen zu waschen. Hin und wieder kommt es vor, dass er mit schmutziger Kleidung in die Schule kommt, da er selbst noch nicht so sehr auf sein Äußeres achtet. Zu Hause wird eher wenig auf Hygiene geachtet. De.s Mutter wird sehr gefordert durch die Betreuung von vier Kindern und so kann es vorkommen, dass De. mehr auf seine kleinen Geschwister achtet, als auf sich selbst. De. hat oft Mundgeruch und starke Beläge auf den Zähnen.

Schwierig ist sein Essverhalten in den letzten Wochen geworden, da er sich morgens weigert, etwas zu essen. Mittags dagegen „schlingt" er beim Mittagessen.

Außerdem isst De. gern Süßigkeiten.

4.3.7. L.

L. ist ein kontaktfreudiger und hilfsbereiter 12- jähriger Junge, der im letzten Schuljahr das Amt des Klassen- und Schulsprechers übernommen hatte. Dabei nahm er seine Aufgaben und die Verantwortung sehr ernst. Bei ihm liegt eine geistige Retardierung vor. Es ist nun sein 7. Schulbesuchsjahr. Seine körperliche Entwicklung ist altersgemäß.

Sozial- emotionaler Bereich:

L. hat ein großes Selbstbewusstsein. Er bietet Anderen gerne Hilfe an und kümmert sich sorgfältig um jüngere Mitschüler. Er übernimmt gern die Führung gegenüber Gleichaltri-gen und nimmt Verantwortung und an ihn gestellte Aufgaben sehr ernst. David ist schnell reizbar, allerdings wird er nur noch sehr selten aggressiv gegenüber Mitschülern.

Sprache/Kommunikation:

L. ist ein sehr mitteilungsbedürftiger Schüler. Sehr gern erzählt er von seinen Erlebnissen zu Hause. Er hat einen guten, aktiven, differenzierten Wortschatz. Er kann in Mehrwortsätzen Erlebtes sinngemäß wiedergeben, dabei ist sein Redefluss fließend und seine Aussprache deutlich. Er kann seine Bedürfnisse adäquat mitteilen und gegebenenfalls auch verbal einfordern. L. kann sich allein über die sprachliche Ebene Teile des Unterrichtsinhaltes aneignen und einen komplexen Handlungsauftrag nachvollziehen. Neue erarbeitete Begriffe kann er sich gut merken und sie auch sachgebunden wiederverwenden.

Lern- und Leistungsverhalten:

L. ist arbeitsfreudig und ausdauernd in allen Unterrichtsfächern. Er arbeitet sehr ordentlich und erledigt seine Aufgaben bis zum Ende. Ihm ist es wichtig ein fehlerfreies Ergebnis zu haben, das er selbstständig überprüfen möchte.

Er arbeitet gern in Partner- oder Einzelarbeit. Zum Arbeiten hat er gern einen Erwachsenen bei sich, besteht dabei aber auf selbstständiges Arbeiten. Hat er seine eigenen Aufgaben erledigt, hilft er seinen Mitschülern und gibt ihnen hilfreiche Tipps.

Kognition:

L. kann sich bis zu eine Stunde auf eine Aufgabe konzentrieren und diese zu Ende führen, dabei ist er wenig ablenkbar.

Mit Begleitung liest er sinnentnehmend. Er liest dann Sätze mit bis zu 6 Wörtern.

Immer wieder vorkommende einfache Ganzwörter, Namen wie „Mama“, „Oma“, "Auto" und „Wald“ kann L. ohne Vorlage schreiben.

Additionsaufgaben im Zahlenraum bis 20 fallen ihm anhand der linearen Abzählmethode mit Hilfe seiner Finger oder dem Rechenschieber sehr leicht. Einfache Aufgaben rechnet er auch „im Kopf“, das heißt ohne Abzählhilfen.

L. kennt das Datum und kann die Uhr lesen.

Motorik:

L. ist sehr bewegungsfreudig und aktiv. Seine Bewegungsabläufe sind kontrolliert und fließend.

Bei feinmotorischen Arbeiten (Schneiden, Malen, Schreiben) ist L. sehr geschickt und präzise.

Besonders auffallend ist seine ordentliche Handschrift.

Lebenspraktischer Bereich/ Selbstständigkeit/ äußeres Erscheinungsbild:

L. ist sehr selbstständig. Er achtet darauf, dass seine Kleidung sauber ist und macht sich Gedanken über sein Aussehen. Er putzt sich regelmäßig und selbstständig die Zähne.

Kleinere Aufträge im Schulhaus oder in der näheren Schulumgebung erledigt er zuverlässig.

5. Methodisch- didaktische Überlegungen zur Gesamteinheit

5.1. Ziele

Die Schülerinnen und Schüler beschäftigen sich intensiv mit dem Thema „Zahnhygiene" und erweitern hier ihr Wissen. Vor allem setzen sie in der Praxis um, was sie gelernt haben und sie sollen in der Lage sein, das Gelernte während der Erstellung des Films zu präsentieren.

Allgemeine Ziele in Bezug auf das gesamte Unterrichtsvorhaben:

Die Schülerinnen und Schüler sollen…

➢ Für die Notwendigkeit einer angemessenen Zahnhygiene sensibilisiert werden.

➢ Den Zahnputzablauf durch mehrmalige Wiederholungen verinnerlichen.

➢ Verschiedene Zahnhygieneprodukte kennen, unterscheiden und anwenden können.

➢ Lernen, dass mangelnde Hygiene und viel Zucker den Zähnen schaden und welche Auswirkungen dies haben kann.

➢ Lernen, welche Lebensmittel und Produkte die Zahngesundheit erhalten können.

➢ Ihr erworbenes Wissen bei der Erstellung eines Films präsentieren.

Individuelle Ziele in Bezug auf das Gesamtvorhaben:

M.:

- Übt den Ablauf des Zähneputzens, vor allem die korrekte Handhabung der Zahnbürste und den motorischen Ablauf der Zahnputztechnik mit Unterstützung einer Lehrperson und über Bilder und erlangt mehr Selbstständigkeit in der Durchführung.

- Übt sich darin, ihre Zähne ausdauernd mit Hilfe einer Zahnputzuhr zu putzen.

- Erweitert ihr Wissen über Zahngesundheit, insbesondere darüber, was den Zähnen schadet und was ihre Gesundheit erhält.

D.:
- Verinnerlicht den Ablauf des Zähneputzens, vor allem den motorischen Vorgang der Zahnputztechnik mit Unterstützung einer Lehrperson, nach mehrmaligem Üben jedoch auch allein mit Hilfe einer Bilderabfolge.
- Erweitert ihr Wissen über die Notwendigkeit und Bedeutung der Zahnhygiene.
- Präsentiert ihre erlangten Fähigkeiten bei der Erstellung des Films.

Da.:
- Erweitert sein Wissen über Zahngesundheit, die Notwendigkeit der Zahnhygiene und die Auswirkungen mangelnder Pflege.
- Übt den Ablauf der Zahnputztechnik selbstständig und lernt neue Zahnpflegeprodukte kennen.
- Gibt sein Wissen schriftlich und verbal wieder.
- Unterstützt seine Mitschüler nach Bedarf.

Ch.:
- Erfährt die Zahnpflege als selbstverständlichen Teil der Hygiene und erweitert sein Wissen bezüglich der Notwendigkeit der Zahnhygiene.
- Lernt, welche Auswirkungen mangelnde Zahnpflege haben kann.
- Übt den Ablauf der Zahnputztechnik mit Hilfe der KAI- Formel selbstständig durchzuführen und lernt neue Zahnputzprodukte kennen.
- Präsentiert seine Fähigkeiten bei der Erstellung des Films.

B.:
- Erweitert sein Wissen über die Notwendigkeit der Zahnhygiene und Zahngesundheit, besonders in Bezug auf schädliche Auswirkungen mangelnder Zahnpflege und was die Gesundheit der Zähne länger erhält.
- Verinnerlicht den Ablauf des Zähneputzens selbstständig mit Hilfe einer Bilderabfolge und übt den motorischen Ablauf.
- Zeigt seine erworbenen Fähigkeiten.

De.:
- Erweitert sein Wissen über Zahngesundheit, die Notwendigkeit regelmäßigen Zähneputzens und die Auswirkungen mangelnder Zahnpflege.

26

- Übt vor allem den motorischen Ablauf nach der KAI- Zahnputztechnik selbstständig.
- Präsentiert seine erworbenen Fähigkeiten und gibt sie auch verbal wieder.

L.:
- Erweitert sein Wissen über Zahngesundheit, die Notwendigkeit der Zahnhygiene und die Auswirkungen mangelnder Zahnpflege.
- Übt die KAI- Zahnputztechnik selbstständig und lernt neue Zahnpflegeprodukte kennen.
- Unterstützt seine Mitschüler bei deren Aufgaben, wenn er seine eigenen bereits erledigt hat.
- Gibt sein Wissen schriftlich und verbal wieder.

5.2. Anforderungen an die Schülerinnen und Schüler

Bei dem Unterrichtsvorhaben werden verschiedene Anforderungen an die Schülerinnen und Schüler gestellt.

Sprache/ Kommunikation:
- Ihre Erfahrungen, ihr Wissen und ihre Vorlieben mitteilen
- Einfache verbale Anweisungen verstehen und ausführen
- Sich in Team- oder Partnerarbeit absprechen
- Hilfe/ Unterstützung einfordern

Lern- und Leistungsverhalten:
- Konzentrationsfähigkeit
- Motivationsbereitschaft
- Experimentierfreude
- Regelbewusstsein

Kognition/ Kulturtechniken:
- Verständnis für einfache Handlungsabläufe und Zusammenhänge
- Eigene Bedürfnisse wahrnehmen
- Zahnpflegeprodukte erkennen und unterscheiden (äußerlich)

- Vorgegebene Handlungsabläufe anhand von verbalen oder teils schriftlichen Anweisungen und Bildern umsetzen
- Bereits Gelerntes (mit Unterstützung) erinnern und wiedergeben
- Teils schriftliche Arbeitsaufträge lesen; Bilder- und Symbollesen

Wahrnehmung:
- Fotos, Symbole, teils Schrift erkennen
- Gerüche, Geschmack, Druck der Pflegeprodukte wahrnehmen
- Räumliche Orientierung im Schulgebäude

Motorik:
- Bewegungsfähigkeit, Auge- Hand- Koordination (Führen der Zahnbürste im Mund)
- Fähigkeit, Verschlüsse zu öffnen und zu schließen

5.3. Methodisch- didaktische Überlegungen

Strukturierung des Unterrichts:

Als Orientierungshilfe für die Schülerinnen und Schüler möchte ich die einzelnen Unterrichtseinheiten in ihrer Struktur in etwa konstant ablaufen lassen.

Der Unterricht beginnt mit einer gemeinsamen Einführung in das Thema. Hierbei erfahren die Schülerinnen und Schüler, was sie erwartet und die Einstiegsphase soll zudem der Motivationssteigerung dienen. Diese Phase bietet ihnen auch die Gelegenheit, sich mit ihrem eigenen Wissen und ihren Vorerfahrungen einzubringen. Die Einstiegsphase findet im Halbkreis im Klassenzimmer oder Medienraum statt und wird sich auf 5- 10 Minuten beschränken.

Im Anschluss folgen die einzelnen Arbeitsphasen. In diesen Phasen achte ich besonders darauf, dass die Schülerinnen und Schüler die Möglichkeiten erhalten, selbst etwas auszuprobieren und einzuüben. Hier soll „Lernen durch Tun" im Vordergrund stehen. Auf Grund der hohen Lesekompetenz der Klasse werde ich immer wieder schriftliche Arbeitsanweisungen, Übungen oder Möglichkeiten der Reflexion in den Unterricht einbringen. Dies wird auch über Bilder und Symbole geschehen.

Besonders wichtig in den Arbeitsphasen ist mir, dass sich das Tun mit dem konzentrierten Arbeiten abwechselt und einen größeren zeitlichen Rahmen einnimmt. Während der

Arbeitsphasen werden zudem die Ergebnisse dokumentiert. Die Sozialformen und Räumlichkeiten werden wechselnd sein. Schriftliche Aufgaben und Versuche werden vorzugsweise im Klassenzimmer stattfinden, da es den vertrautesten Raum darstellt, ausreichend Platz bietet und Materialien sowie Schreibgeräte direkt greifbar sind. Das Zähneputzen findet dagegen natürlich in den Waschräumen der Jungen und Mädchen statt.

Die Arbeitsphasen dauern zwischen 30 und 40 Minuten.

Die Abschlussphase rundet den Unterricht ab und dient der kurzen Wiederholung des Gelernten. Die Schülerinnen und Schüler können von ihren Erfahrungen berichten und/ oder ihre Arbeitsergebnisse vorzeigen. Diese Phase bietet sich auch dazu an, kurze Lernzielkontrollen durchzuführen, um zu überprüfen, was sich die Schülerinnen und Schüler gemerkt haben und worauf man in der nächsten Stunde noch einmal verstärkt achten sollte. Hier bietet es sich auch an, den Schülerinnen und Schülern einen kurzen Ausblick auf die nächste Stunde zu geben. Die Abschlussphase soll, ähnlich wie die Einstiegsphase, 5- 10 Minuten dauern.

Am Ende jeder Stunde stehen das gemeinsame Aufräumen der Materialien, Produkte und Schreibgeräte, sowie das Einordnen von Arbeitsblättern in den Ordner. Dies ist ein gewohnter Vorgang für die Schülerinnen und Schüler.

Strukturierung der Lernumgebung:

Ich achte besonders auf eine ansprechende und lernförderliche Umgebung, um die Arbeits- und Experimentierfreude der Schülerinnen und Schüler zu wecken. Zunächst einmal werden Materialien, welche nicht zum Unterrichtsgeschehen gehören, zuvor entfernt, damit sich die Schülerinnen und Schüler ganz auf ihre Aufgaben konzentrieren können und nicht abgelenkt werden. Das benötigte Material wird – je nach Unterrichts- einheit – entsprechend bereitgestellt. Manchmal wird es auch förderlich sein, das Mate- rial vor der Einstiegsphase verdeckt zu halten, um die Konzentration zu erhalten.

Geplantes Lehrerverhalten:

In der Einstiegs- und Abschlussphase ist es mir wichtig, dass jede Schülerin und jeder Schüler seinen Beitrag leisten kann, sei es in Form von verbalen Äußerungen oder durch Vorführen beziehungsweise Ausprobieren der Materialien je nach Unterrichtsein- heit.

Zurückhaltende Schüler (zum Beispiel De., Ch. oder D.) ermutige ich zur Teilnahme und fordere sie gegebenenfalls auch direkt dazu auf.

Aktivere Schüler (zum Beispiel L. und Da.) bremse ich unter Umständen auch ein wenig und fordere sie zu etwas mehr Geduld auf, um die anderen Schülerinnen und Schüler zum Zuge kommen zu lassen.

In den Arbeitsphasen gebe ich den Schülerinnen und Schülern die Möglichkeit, zu erproben und selbstständig zu arbeiten. Ich stehe ihnen in erster Linie unterstützend zur Seite und helfe nach Bedarf.

Den Mitarbeitereinsatz kläre ich vor der jeweiligen Unterrichtsstunde. M. und D. benötigen Unterstützung beim Ablauf des Zähneputzens, sollten nach mehrmaligem Üben aber auch mehr Selbstständigkeit in der Durchführung zeigen können. Die Jungen der Klasse sind sehr selbstständig und es wäre für diese eher störend, wenn sie eine Lehrkraft zugewiesen bekommen würden.

Bei Unklarheiten können sie sich natürlich jeder Zeit an mich wenden.

Im Schulalltag hat es sich bisher bewährt, dass M. von der Praktikantin der Klasse begleitet wird. Ist M. besonders unruhig oder wird aggressiv, halte ich mir die Möglichkeit offen, ihr eine Auszeit - begleitet von der Praktikantin - zu gewähren.

Des Weiteren stellt es sich für mich als eine Selbstverständlichkeit dar, die Schülerinnen und Schüler positiv in ihrem Tun zu bestärken und zu ermuntern. Kritik übe ich möglichst objektiv, also auf die Aufgabe oder Tätigkeit bezogen aus, welche die Schülerinnen und Schüler bisher auch immer sehr gut von mir annehmen konnten.

Dagegen übe ich bei der Erstellung des Films die Rolle der Regie aus und gebe den Schülerinnen und Schülern ein „Drehbuch" vor, nach welchem sie handeln und ihr Wissen vorbringen werden. Da es den Rahmen meines Unterrichtsvorhabens sprengen würde, mit den Schülerinnen und Schülern gemeinsam ein Drehbuch zu erstellen, wird ihnen hier eine Vielzahl von Handlungen bereits vorgegeben. Allerdings soll der Film die Arbeitsergebnisse der Klasse enthalten und stellt somit für die Schülerinnen und Schüler nichts Neues dar, sondern dient der Wiederholung und Festigung.

Planungsalternativen:

Zu jeder Unterrichtseinheit halte ich zusätzliche beziehungsweise vertiefende Aufgaben für Schüler bereit, die schneller arbeiten als die restliche Klasse (zum Beispiel L. oder

Da.). Bevor diese Aufgaben jedoch eingesetzt werden, fordere ich die Schüler dazu auf, ihre Mitschüler zu unterstützen oder ihnen einen Arbeitsauftrag vorzumachen. Auf diese Weise können sie das Gelernte selbst besser verinnerlichen und die Schülerinnen und Schüler, welche etwas mehr Übung benötigen, profitieren davon, indem sie „am Modell" ihrer Mitschüler lernen können.

5.4. Methoden- und Medienwahl

Da die Schülerinnen und Schüler mit dem Thema „Zahnpflege" etwas eher Lästiges beziehungsweise eine Pflicht verbinden, möchte ich mein Unterrichtsvorhaben so ab-wechslungsreich wie möglich gestalten, um die Motivation der Schülerinnen und Schüler zu steigern und zu erhalten.

Sozialformen:

Konzentriertes Arbeiten wechselt mit praktischen Versuchen, Arbeitsaufträgen und Übungen.

Dabei bediene ich mich unterschiedlicher, den Schülerinnen und Schülern bekannten, Sozialformen:

- Frontalunterricht (zu Beginn und/ oder Ende der Einheiten)
- Einzelarbeit, Gruppenarbeit, Partnerarbeit (in den Arbeitsphasen)
- Lehrergelenkte Gruppenarbeit/ Rollenspiel (bei der Erstellung des Films)
- Stationenarbeit

Medienwahl:

Da die Schülerinnen und Schüler sich vorzugsweise auf der konkret- gegenständlichen, sowie anschaulichen Aneignungsebene befinden, belebe ich mein Unterrichtsvorhaben mit dem Einsatz von Produkten und Materialien zum Ausprobieren, als auch Bildern und einem Lehrfilm.

- Lehrfilm „Deine Zähne": Dieser Lehrfilm wird mein Unterrichtsvorhaben beglei-ten. Er befasst sich mit den vier Regeln der Zahngesundheit, der Zahnpflege selbst (KAI- Zauberformel), dem Schutz für die Zähne, der Zahnpasta mit Fluorid und dem Zahnarztbesuch. Zu Beginn der Stunde zeige ich den jeweils relevanten Teil des Films, welcher sich mit dem Inhalt der Unterrichtsstunde befasst. Dies dauert nicht länger als 2-5 Minuten. Es bietet den Schülerinnen und Schülern auf anschauliche Weise sich auf den Unterrichtsinhalt einzustimmen. Außerdem können sie eine Vorstellung davon gewinnen, wie unser eigener Film gestaltet werden soll.

- Zahnpflegeprodukte: Das konkrete Zähneputzen nimmt einen Schwerpunkt in meinem Unterrichtsvorhaben ein. Dabei biete ich den Schülerinnen und Schülern die gängigsten Zahnpflegeprodukte wie zum Beispiel Zahnpasta, Zahnbürste, Mundwasser an. Das Ausprobieren und Üben steht hierbei im Vordergrund. Zudem greife ich die basal- perzeptive Ebene auf, indem die Schülerinnen und Schüler Gerüche wahrnehmen, schmecken und fühlen. Die Schülerinnen und Schüler erhalten jeweils eine Zahnbürste und einen Zahnputzbecher. Diese bleiben in der Schule und ich biete ihnen die Möglichkeit, nach dem Essen freiwillig ihre Zähne putzen zu können.

- Zusätzliche Materialien: Ich möchte die Schülerinnen und Schüler außerdem zum Experimentieren ermuntern. Dazu bediene ich mich einfach nachvollziehbarer Versuche. So können die Schülerinnen und Schüler zum Beispiel Zahnfärbetabletten ausprobieren und die Beschaffenheit eines Eies mit Fluorid bestrichen überprüfen.

- Bilder und Fotos: Zum besseren Verständnis und auf Grund der Anschaulichkeit setze ich hin und wieder Bilder und Fotos ein, zum Beispiel um den Ablauf des Zähneputzens zu verdeutlichen oder um den Schülerinnen und Schülern die negativen Auswirkungen mangelnder Hygiene auf die Zähne aufzuzeigen.

- Arbeitsblätter: Als Wiederholung, Vertiefung oder in Form von Arbeitsanweisungen werden Arbeitsblätter eingesetzt. Diese werden individuell an die Schülerinnen und Schüler angepasst. So enthalten sie mehr Text für die lesestarken Schüler und mehr Bilder und/ oder Symbole für die Leseschwächeren. Gerade die Jungen der Klasse sind sehr motiviert bei der Bearbeitung von Arbeitsblättern und erledigen diese Aufgaben schnell und mit besonderer Sorgfalt.

- Merkheft „Meine Zähne": Zum Sammeln der Arbeitsblätter legen die Schülerinnen und Schüler einen Schnellhefter an. Des Weiteren erhalten die Eltern Einsicht in den Unterricht.

- Dokumentation der Arbeitsergebnisse: Den Schülerinnen und Schülern ist es bekannt, dass während der Unterrichtsstunden Fotos von ihnen und ihrer Arbeit gemacht wird. Dies dient in erster Linie der Erinnerung und einige Fotos kommen mit Eintrag in ihre Schultagebücher, so dass sie zu Hause von ihren Erlebnissen in der Schule berichten können. Den Fotoapparat werde ich natürlich auch einsetzen. Gerne dürfen auch die Schülerinnen und Schüler Fotos machen, um ihre Medienkompetenz zu erweitern. Die Fotos meines Unterrichtsvorhabens werde ich dann auch benutzen, um unsere Arbeit im Schulgebäude in Form von Plakaten zu präsentieren.

- Der selbst erstellte Kurzfilm: Das Filmen stellt für die Schülerinnen und Schüler eine ihnen eher unbekannte und aufregende Form der Dokumentation dar. Es soll der Motivationssteigerung und Ergebnissicherung dienen. Da die Schülerinnen und Schüler noch wenig Erfahrungen mit dem Filmen mitbringen, gebe ich ihnen vor, was sie während des Drehens zeigen und wiederhole mit den Schülerinnen und Schülern bereits durchgeführte Unterrichtsinhalte. Zur Auflockerung und um dem Film den Anschein eines „trockenen Lehrfilms" zu nehmen, bringe ich auflockernde, lustige Szenen mit ein.

- Zahn- Memory, Zahnpuzzle, Mandalas, Rätsel: Werden den Schülerinnen und Schülern außerhalb der Unterrichtseinheiten zur spielerischen Auseinandersetzung zur Verfügung stehen.

6. Durchführung des Unterrichtsvorhabens

6.1. Einbindung in den Stundenplan

Mein Unterrichtsvorhaben führe ich jeweils im zweiten Unterrichtsblock aus, beginnend mit Mittwoch, dem 16.01.2013. Da die Schülerinnen und Schüler im ersten Unterrichtsblock in Lerngruppen aufgeteilt sind, bietet sich mir vorrangig die Möglichkeit, die Klasse im zweiten Unterrichtsblock komplett unterrichten zu können.

6.2. Elternarbeit

Die Eltern werden durch Einträge in die Schultagebücher der Schülerinnen und Schüler, sowie Fotos zu den Unterrichtseinheiten auf dem Laufenden gehalten. Außerdem werde ich am Ende des Unterrichtsvorhabens einen Elternbrief gestalten, in welchem zusammengefasst wird, was die Schülerinnen und Schüler gelernt haben.

6.3. Stoffverteilungsplan

1. Block Mittwoch, 16.01.2013 11.00-12.00 Uhr	Einführung in das Thema Zahnhygiene mit den „4 Regeln der Zahngesundheit"; Ausschnitt Lehrfilm „Deine Zähne"; allgemeine Informationen zum Erhalt der Zahngesundheit; Möglichkeit zum Erfahrungsaustausch mit den Schülern; Vertiefung durch Bilder und ergänzende Aufgaben zum Film.
2. Block Mittwoch, 23.01.2013 11.00-12.00 Uhr	Zahnpflege praktisch: Zahnpflegeprodukte, selbstständiges Putzen und Kontrolle mit Zahnfärbetabletten; Problemstellen aufzeigen; Filmen.
3. Block Montag, 28.01.2013 11.00-12.00 Uhr	Ausschnitt Lehrfilm „Deine Zähne": KAI- Zahnputztechnik; Zahnputzablauf; Trockenübungen am Modell; Zahnpflege praktisch mit Zahnputzuhr, Filmen.
4. Block Mittwoch, 30.01.2013 11.00-12.00 Uhr	Ausschnitt Lehrfilm „Deine Zähne": Zahnpasta mit Fluorid und zusätzliche Pflegeprodukte; Versuch Ei und Fluorid.
5. Block Donnerstag, 31.01.2013 11.00 – 12.00 Uhr	Auswirkungen mangelnder Zahnpflege und zuckerhaltiger Nahrungsmittel; Zahnerkrankungen; der Zahnarztbesuch.
6. Block Dienstag, 05.02.2013 9.00 – 11.00 Uhr	Lehrfilm „Deine Zähne"; zahngesunde Ernährung (Frühstück).
7. Block Mittwoch, 06.02.2013 11.00 – 12.00 Uhr	Filmen nach Drehbuch: Wiederholung des Zahnputzablaufs und des Gelernten.

6.4. Unterrichtseinheit Nr. 1 – Kurzbeschreibung

Einführung in das Thema Zahnhygiene mit den „4 Regeln der Zahngesundheit"

Ziele:

- Die Schülerinnen und Schüler lernen die „4 Regeln der Zahngesundheit" kennen.
- Die Schülerinnen und Schüler berichten von ihren eigenen Zahnpflegegewohnheiten und vergleichen diese mit den Vorgaben aus dem Lehrfilm.
- Die Schülerinnen und Schüler erarbeiten weitere Regeln zur Zahngesundheit.

Verlauf:

Die Schülerinnen und Schüler versammeln sich *im Kreis im Medienraum.* Zu Beginn erkläre ich, mit welchem Thema wir uns in den nächsten Wochen beschäftigen werden. Ich frage allgemein, was man denn tun muss, damit die Zähne gesund bleiben. Da zweimal jährlich ein Zahnarzt in die Schule kommt, ist den Schülerinnen und Schülern das Thema nicht unbekannt und ich lasse einige Regeln aufzählen.

Nach der Einführung zeige ich einen kurzen Ausschnitt aus dem Film „Deine Zähne". Dieser befasst sich mit den „4 Regeln der Zahngesundheit": 1. Zahnpflege, 2. Zahngesunde Ernährung, 3. Fluorid, 4. Zahnarztbesuch.

Im Anschluss an den Film lasse ich die Schülerinnen und Schüler noch einmal mit eigenen Worten die „4 Regeln" aufzählen und verdeutliche diese durch Tafelbilder. Auch hier lasse ich die eigenen Erfahrungen und Gewohnheiten der Schülerinnen und Schüler einbringen und ziehe Vergleiche zu den Regeln aus dem Film.

Der zweite Hauptteil meiner Unterrichtseinheit findet aus Platzgründen *im Klassenzimmer an den Tischen* statt.

Die Schülerinnen und Schüler erhalten differenzierte Aufgaben zu den Regeln der Zahnhygiene.

M., D. und B. sortieren Bilder von Lebensmitteln, welche den Zähnen schaden und Lebensmitteln, die den Zähnen gut tun. Diese werden ausgeschnitten und auf ein Blatt in die passende Spalte geklebt.

L., De., Ch. und Da. ordnen Bilder zur Zahnhygiene den passenden Sätzen zu (Beispiel: „Zweimal im Jahr gehe ich zum...." Abbildung eines Zahnarztes). Zudem erlesen sie Aussagen (Beispiel: „Ich trinke immer Limo, wenn ich Durst habe.") und geben an, ob diese „richtig" oder „falsch" sind. Auf einem weiteren Arbeitsblatt beantworten die Schüler Fragen, indem sie von verschiedenen Antworten auswählen.

Zum Abschluss erhalten die Schülerinnen und Schüler jeweils einen Schnellhefter, in dem sie die erarbeiteten Blätter zu diesem Thema sammeln.

Reflexion:

Die Schülerinnen und Schüler begegneten dem neuen Thema aufgeschlossen und interessiert.

Während des Lehrfilms herrschte Ruhe und Konzentration. Da der Film viele Informationen in kurzer Zeit vermittelt, ließ ich die ausgewählte Sequenz ein zweites Mal laufen. Die Schülerinnen und Schüler konnten sich viel aus diesem Ausschnitt merken und zählten die „4 Regeln der Zahngesundheit" auf. Besonders überraschten mich M. und B. M. erinnerte sich an die zahngesunde Ernährung, indem sie „Gemüse essen" nannte und B. fiel als Einziger der Zahnarztbesuch als vierte Regel ein.

Ch. blieb vor allem die Regel „wenig Süßigkeiten essen" im Gedächtnis. Daraus entstand ein kurzes Gespräch über Süßigkeiten. Wir kamen zu dem Ergebnis, dass man Süßigkeiten essen darf, jedoch nicht zu viele und man sich danach die Zähne putzen sollte. Außerdem fragten Da. und Ch. nach dem Zeichen des Zahnmännchens mit dem Schirm aus dem Film, welches ihnen noch nie aufgefallen war. Ich versprach, ihnen Bonbons mit diesem Zeichen mitzubringen.

In der Arbeitsphase arbeiteten M. und D. sehr ausdauernd und konzentriert mit Hilfe von Frau G. an ihrer Aufgabenstellung. Sie konnten die Lebensmittel selbstständig unterscheiden und zuordnen.

M. brachte ihre Aufgabe von sich aus zu Ende. D. musste gegen Ende der Unterrichtseinheit etwas motiviert werden und dann zum Aufräumen ermahnt werden, was sie aber schließlich erledigte.

Für B. hatte ich eigentlich ebenfalls die leichteren Aufgaben vorgesehen, bei denen er nicht lesen muss. Als er dies erkannte, sagte er sofort: „Ich will auch lesen!". Ich gab ihm dieselben Blätter, die auch für die anderen Jungen der Klasse vorgesehen waren. Ich unterstützte ihn beim Erlesen und er strengte sich besonders an.

L. wollte die Arbeitsblätter wieder sehr schnell erledigen. Als er eine Aufgabe nicht sofort verstand, reagierte er gleich frustriert. Ich verwies ihn darauf, etwas Geduld zu haben, was ihm schwer fiel.

Ch. benötigte etwas mehr Zeit und erledigte die ersten beiden Blätter ordentlich und sorgfältig.

Auch De. erledigte die Aufgaben mit Unterstützung konzentriert und interessiert. Da. verstand die Aufgaben mit überraschender Schnelligkeit. Hier wurde deutlich, dass er die „Richtig- Falsch" Auswahl zu bestimmten Aussagen aus der Deutsch- Lerngruppe kannte.

Die Konzentrationsfähigkeit der Schülerinnen und Schüler lässt im zweiten Unterrichtsblock merkbar schneller ab als im ersten. Allerdings ist dies mit meinem Unterrichtsvorhaben vereinbar, da ich mich hauptsächlich im Praktischen bewegen möchte. Für diese Unterrichtseinheit war die Konzentrationsspanne ausreichend und der Unterricht wurde durch den Lehrfilm und das Gespräch zu Beginn deutlich aufgelockert.

Die „4 Regeln der Zahngesundheit"

6.5. Unterrichtseinheit Nr. 2 – Ausführlicher Unterrichtsentwurf

Zahnpflege praktisch: selbstständiges Putzen und Kontrolle mit Zahnfärbetabletten

Ergänzende Sachanalyse:

Zahnfärbetabletten (Plaque Test Tabletten):

Zur besseren Kontrolle der Zahnputztechnik werden ältere Beläge mit den Plaque Test Tabletten sichtbar gemacht. Anwendung: Zähne gründlich putzen und den Mund anschließend gründlich mit Wasser spülen. Eine Tablette zerkauen und die so entstandene Lösung mehrmals durch die Zahnzwischenräume pressen, um Beläge sichtbar zu machen. Den Mund gründlich mit Wasser spülen. Danach färbt die Tablette alt strukturierte Plaque blau und neu gebildete Plaque rot. Bei Verfärbungen in beiden Fällen dringend nachputzen. Die eingefärbten Zahnbeläge lassen sich durch gründliches Zähneputzen und Anwendungen von Zahnseide wieder entfernen. Bei der Anwendung kann die Mundschleimhaut angefärbt werden. Dies ist jedoch unbedenklich und verschwindet nach einiger Zeit wieder.

SensiDent, Junior, Plaque Test Tabletten

Lernausgangslagen:

M.:

Entwicklungsbereich	Beschreibung/ Lernvoraussetzungen	Bedeutsamkeit für den Unterricht
Kognition/ Arbeits- und Lernverhalten	Kann Bilder und Symbole einem Themenbereich zuordnen;	Auswählen von Motiven, welche für das Zähneputzen benötigt werden;
	Sehr gutes Erinnerungsvermögen;	Erinnern und Einzeichnen der verfärbten Stellen nach Überprüfung mit Färbetabletten;
	Benötigt klare Arbeits-	Begleitung und Vorgaben

	anweisungen und manchmal die Nähe einer Lehrperson; Bevorzugt praktische Aufgaben	durch Lehrkraft; Tätigwerden beim Zähneputzen
Wahrnehmung	Konkret- gegenständliche Ebene; basal; ausgeprägter Geruchssinn	Motivation durch Realgegenstände und praktisches Tun; Geruch der Zahnpasta wahrnehmen
Feinmotorik	Putzt schnell und zu kurz; Hoch- und Runterbewegungen beim Zähneputzen; Eher grob bei feinmotorischen Tätigkeiten; Schluckt die Zahnpasta	Anweisungen durch Lehrperson, verdeutlichen der Zeit durch Zahnputzuhr; Vorzeigen der Bewegungen, verbale Anweisungen; Unterstützung anfangs anbieten; Nur wenig Zahnpasta auf die Zahnbürste geben
Kommunikation	Sehr kommunikationsfreudig	Kann sich in Einführung mitteilen, kann Unterstützung einfordern, kann Stellen nennen, welche sich verfärbten
Selbstständigkeit	Bekommt zu Hause Unterstützung bei der Zahnpflege; Bekommt beim Waschen,	Sie durch verbale Anleitung und Bilder zu mehr Selbstständigkeit führen; Sie dazu anregen, Pflege-

	Anziehen etc. viel abgenommen	maßnahmen selbst durch-zu führen, auch wenn es etwas länger dauert oder sie mehrfach dazu motiviert werden muss

D.:

Entwicklungsbereich	Beschreibung/ Lernvoraussetzungen	Bedeutsamkeit für den Unterricht
Kognition/ Arbeits- und Lernverhalten	Kann Bilder und Symbole einem Themenbereich zuordnen; Arbeitet langsam und ist schnell ablenkbar; Benötigt klare Anweisungen, putzt sonst nur eine Stelle; Bevorzugt praktische Aufgaben	Auswählen von Motiven, welche für das Zähneputzen benötigt werden; Unterstützung durch Lehrperson; wenig Ablenkung, da sie nur mit Melanie im Bad für die Mädchen Zähne putzt; sie nach Bedarf an ihre Aufgabe erinnern; Tätigwerden beim Zähneputzen
Wahrnehmung	Konkret- gegenständlich; basal	Realgegenstände, praktische Tätigkeiten anbieten; Riechen und schmecken der Zahncreme, spüren der Zahnbürste
Feinmotorik	In der Feinmotorik	Elektrische Zahnbürste,

	eingeschränkt, ungeschickte Bewegungen;	jedoch auch Üben mit Handzahnbürste; Vorzeigen der Bewegungen, anfangs Führen der Hand durch Lehrperson;
	Putzt langsam und ausdauernd; Manchmal wund am Mund	Zeit durch Zahnputzuhr verdeutlichen; Kinder-Zahnpasta (nicht zu scharf), vorsichtig putzen
Kommunikation	Sehr kommunikations-freudig, teilt sich gerne mit, bemüht sich einfache Wörter und Sätze zu sprechen; setzt zum Teil Gebärden ein; muss in Gruppe oft direkt angesprochen werden; Spricht unverständlich	Genau hinhören, ihr Zeit geben und nachfragen, wenn man etwas nicht verstanden hat; sie über Gebärden oder Bilder mitteilen lassen; kann Unterstützung einfordern; kann durch Zeigen Stellen benennen, die sich verfärbt haben
Selbstständigkeit	Benötigt Hilfe bei Hygiene-maßnahmen	Ihr Unterstützung anbieten

Da.:

Entwicklungsbereich	Beschreibung/ Lernvoraussetzungen	Bedeutsamkeit für den Unterricht
Kognition/ Arbeits- und Lernverhalten	Liest mit Unterstützung kurze Sätze;	Wörter lesen und auswählen, welche Zahnputzgegenstände bezeichnen;

	Sehr interessiert im Unterricht, bereichert diesen durch sein Wissen und seine Ideen; kennt sich gut aus in Bezug auf Zahnpflege;	ihn dazu anregen, seinen Mitschülern Tipps zu geben oder ihnen zu helfen;
	Arbeitet sehr selbstständig, besteht jedoch manchmal auf Anwesenheit eines Erwachsenen	Ihn durch gelegentliches Lob in seinem Tun bestärken
Wahrnehmung	Anschaulich, abstrakt-begrifflich	Verbale Erklärungen bei Anwendung der Färbetabletten sind ausreichend, bei komplizierteren Vorgängen braucht er ein anschauliches Beispiel
Feinmotorik	Geschickt, ordentlich und genau	Putzt sich selbstständig die Zähne; kann seinen Mitschülern behilflich sein
Kommunikation	Sehr kommunikations-freudig; Aktiver, differenzierter Wortschatz	Sich verbal einbringen; auf korrekte Bezeichnung der Produkte achten
Selbstständigkeit	Sehr selbstständig	Putzt sich selbstständig die Zähne und kann seinen Mitschülern behilflich sein

Ch.:

Entwicklungsbereich	Beschreibung/ Lernvoraussetzungen	Bedeutsamkeit für den Unterricht
Kognition/ Arbeits- und Lernverhalten	Liest einzelne Wörter mit Unterstützung; erinnert sich häufig nicht mehr, was er gelesen hat; Kurzes Erinnerungsvermögen;	Ihm weniger Wörter zur Auswahl geben, Unterstützung anbieten; Ihm Auswahlmöglichkeiten beim Einzeichnen der verfärbten Stellen anbieten;
	Sehr motiviert und interessiert	Seine Beiträge in den Unterricht einbinden und ihn eventuell etwas vorzeigen lassen
Wahrnehmung	Anschaulich, konkret-gegenständlich	Benötigt Anschauungs-material oder Bilder zu verbalen Anweisungen
Feinmotorik	Sehr geschickt und überaus genau; Arbeitet langsam	Putzt selbstständig, kann seinen Mitschülern Hilfe anbieten; Ihm Zeit zum Ausprobieren lassen
Kommunikation	Teilt sich gern mit, ist in der Gruppe manchmal etwas zurückhaltend; Aktiver, differenzierter Wortschatz	Ihn auch direkt ansprechen und zu Wort kommen lassen; Tun verbal begleiten, auf korrekte Bezeichnung achten
Selbstständigkeit	Sehr selbstständig; achtet auf Hygiene	Putzt sich selbstständig die Zähne

B.:

Entwicklungsbereich	Beschreibung/ Lernvoraussetzungen	Bedeutsamkeit für den Unterricht
Kognition/ Arbeits- und Lernverhalten	Liest einzelne Wörter mit Unterstützung, möchte lesen; Gutes Erinnerungsvermögen; Aufgeschlossen, aufmerksam; kann schnell frustriert sein, wenn ihm etwas nicht gleich gelingt; Mag eher praktische Tätigkeiten	Arbeitsblatt mit weniger Auswahl der Wörter, ihm Unterstützung anbieten; Kann verfärbte Stellen einzeichnen; Kleine Erfolge loben und ihm nach Bedarf Unterstützung anbieten; Kommt beim Zähneputzen ins Tun
Wahrnehmung	Konkret- gegenständlich	Praktische Tätigkeit; Realgegenstände
Feinmotorik	Ungeschickte Bewegungen; Verliert bei feinmotorischen Tätigkeiten schnell die Geduld; Achtet nicht so sehr auf Genauigkeit	Verbale Unterstützung anbieten, wenn er Hilfe einfordert; ansonsten auch kleine Erfolge positiv bestärken; Ihn durch Zahnfärbetabletten darauf aufmerksam machen, dass er genauer putzen sollte
Kommunikation	Teilt sich gern mit; Belebt den Unterricht oft durch originelle Beiträge	Die Klasse an seinen Ideen teilhaben lassen; nachfragen, wenn nicht gleich klar ist, was er

		meint
Selbstständigkeit	Achtet selbst nicht auf seine Zahnhygiene; wird zu Hause von Mutter angewiesen	Putzt sich selbstständig die Zähne unter verbalen Anweisungen nach Bedarf

De.:

Entwicklungsbereich	*Beschreibung/ Lernvoraussetzungen*	*Bedeutsamkeit für den Unterricht*
Kognition/ Arbeits- und Lernverhalten	Liest kurze Sätze mit Unterstützung;	Arbeitsblatt mit Wörtern zur Auswahl, die Zahnputzutensilien bezeichnen;
	Konzentrationsspanne manchmal kurz;	Praktische Tätigkeiten wechseln mit konzentriertem Arbeiten;
	Fragt nach, wenn er Hilfe braucht, arbeitet in letzter Zeit zunehmend selbstständiger	Ihm auf Nachfrage Hilfe anbieten
Wahrnehmung	Konkret- gegenständliche, anschauliche Ebene	Zahnputzutensilien zum Ausprobieren; Nachahmung ermöglichen
Feinmotorik	In feinmotorischen Tätigkeiten eingeschränkt; verliert schnell das Interesse an langwierigen feinmotorischen Aufgaben; achtet weniger auf Genauigkeit	Hilfe anbieten nach Bedarf; Motivation durch gemeinsames Zähneputzen; Lob; Notwendigkeit des Putzens durch Färbetabletten auf zeigen

Kommunikation	Kommunikationsfreudig; traut sich in Gruppe manchmal nicht, etwas von sich aus zu sagen; Ist manchmal schwer zu verstehen	Ihn direkt ansprechen; ihm Zeit zum Sprechen einräumen; Ihm Zeit zum Reden geben, genau hinhören und auch nachfragen
Selbstständigkeit	Kann von sich aus noch nicht auf Hygiene achten	Putzt sich selbstständig die Zähne unter verbalen Anweisungen und Nachahmung von seinen Mitschülern

L.:

Entwicklungsbereich	Beschreibung/ Lernvoraussetzungen	Bedeutsamkeit für den Unterricht
Kognition/ Arbeits- und Lernverhalten	Liest kurze Sätze mit Unterstützung; Arbeitet sehr schnell und selbstständig, hat aber gern einen Erwachsenen bei sich	Aufgabenblatt mit Wörtern zur Auswahl, die Zahnputzprodukte bezeichnen; Eventuell auch Zeit durch Zahnputzuhr überprüfen lassen; ihn durch gelegentliches Lob in seinem Tun bestärken
Wahrnehmung	Anschaulich, abstrakt-begrifflich	Verbale Erklärung bei Anwendung der Färbetabletten ausreichend
Feinmotorik	Sehr geschickt und präzise; achtet auf	Selbstständiges Arbeiten; Ihn dazu ermuntern,

	Genauigkeit	seinen Mitschülern etwas vorzuzeigen oder ihnen zu helfen
Kommunikation	Sehr kommunikations- freudig; aktiver und diffe- renzierter Wortschatz	Sich verbal einbringen; auf korrekte Bezeichnungen achten
Selbstständigkeit	Hohe Selbstständigkeit; Achtet auf Hygiene	Selbstständiges Putzen und kann seinen Mitschü- lern behilflich sein

Ziele für die Unterrichtseinheit:

1. Die Schülerinnen und Schüler putzen selbstständig oder zum Teil mit leichter Un- terstützung ihre Zähne und überprüfen ihre Gründlichkeit durch die Anwendung von Färbetabletten.

2. Die Schülerinnen und Schüler reflektieren ihr Zahnputzverhalten, indem sie an den angefärbten Stellen nachputzen und diese auf einem vorgegebenen Blatt einzeichnen.

3. Die Schülerinnen und Schüler präsentieren den ihnen gewohnten Zahnputzablauf vor der Kamera.

Individuelle Ziele:

➢ M. lässt sich mehr Zeit für das Zähneputzen, indem ihr die Zeit durch eine Zahn- putzuhr verdeutlicht wird. Sie übt sich darin, ruhige und gleichmäßige Bewegun- gen auszuführen.

➢ D. übt gleichmäßige Bewegungen im gesamten Mundraum und achtet auf Ge- nauigkeit beim Nachputzen der vernachlässigten Stellen.

➢ Da. zeigt sein Wissen und Können durch selbstständiges Durchführen und über- prüft sein eigenes Zahnputzverhalten durch Einsatz der Färbetabletten.

➢ Ch. präsentiert selbstständig den Zahnputzablauf vor der Kamera und überprüft die Gründlichkeit mit Hilfe der Färbetabletten.

➢ B. achtet auf ein gründliches Putzen im gesamten Mundbereich und putzt die vernachlässigten Stellen nach.

➤ De. präsentiert den Zahnputzablauf vor der Kamera und übt sich in gleichmäßigen, ruhigen Bewegungen.
➤ L. überprüft selbstständig seine Gründlichkeit beim Putzen und verbessert diese durch Verdeutlichung mit den Färbetabletten.

Unterrichtsverlauf:

Phase	Ablauf (Sozialform)	Didaktisch-methodischer Kommentar	Benötigte Materialien	Stundenziele, individuelle Ziele
Einführung: Ca. 10 -15 Minuten	(Im Halbkreis) Vorab Erklärung zur Erstellung des Kurzfilms: Ähnlich wie der Lehrfilm aus der erster Unterrichtseinheit erstellen auch wir einen Film zu unserem Thema, dieses Mal werden bereits zwei Schüler beim Zähneputzen gefilmt;	Motivation durch selten benutztes Medium; Ausblick auf weitere Einheiten; Aufgabenklärung;	Videokamera	
	Kurze Wiederholung der „4 Regeln der Zahngesundheit"	Festigung des Gelernten	Tafelbilder der „4 Regeln"	
	Fragestellung: Was benötigen wir zum Zähneputzen? Was kann man zusätzlich benutzen? Produkte zeigen;	Wissen überprüfen; mögliche zusätzliche Produkte nennen; Konkret- gegenständlich; Möglichkeiten für Denise, Produkte zu zeigen, wenn sie die Bezeichnungen nicht verbalisieren kann;	Zahnbürste, Zahnputzbecher, Zahnpasta, Zahnputzuhr, Mundspülung	
	Anwendung der Zahnfärbetabletten			

	klären; Frage, wer diese schon mal ausprobiert hat, zum Beispiel beim Zahnarzt	Schüler in Erklärung einbinden; kurze Erklärung, da Benutzung nur mit Unterstützung; in erster Linie Erklärung, dass Färbetabletten Stellen an den Zähnen aufzeigen, die nicht ausreichend geputzt wurden	SensiDent, Junior, Plaque Test Tabletten	
Arbeits-phase I: Ca. 10 Minuten	Bearbeitung differenzierter Arbeitsblätter (an den Tischen) zu den Zahnputzutensilien;	Denise und Melanie: Auswahl von Symbolen; Christoph und Benjamin: Auswahl über wenige Worte und teils Bilder; David K., Dennis und David T.: Auswahl über Wörter;	Arbeitsblätter: Was benötige ich zum Putzen?	
	Jeder Schüler und jede Schülerin erhält eine Zahnbürste und einen Zahnputzbecher; es stehen verschiedene Zahncremes zur Verfügung	Eigene Auswahl treffen, zum Beispiel nach farblichen Vorlieben; Zahnpasta nach Verpackung oder Geruch (Melanie) auswählen	Sieben Zahnbürsten, sieben Zahnputzbecher, verschiedene Zahncremes	
Arbeits-	Wer die Arbeitsblätter erledigt hat, geht	Mädchen- und Jungenwasch-	Zahnputz-	Ziel 1

phase II: Ca. 20 Minuten	mit mir in die Waschräume und putzt seine Zähne nach eigenen Gewohnheiten; Filmen von zwei Schülern beim Putzen; Anwenden der Zahnfärbetabletten; Überprüfen im Spiegel und mit zusätzlichen Handspiegeln; Nachputzen der verfärbten Stellen	räume; jeweils zwei Schüler an einem Waschbecken; Melanie und Denise erhalten Unterstützung von einer Lehrperson; Immer nur ein Schüler, um genau überprüfen zu können	utensilien, Zahnputzuhr, Mundspülung Videokamera Färbetabletten, Handspiegel	M., D. Ziel 3, Ch., De. Ziel 1, Da..., L. Ziel 2, D., B.
Arbeits-phase III: Ca. 10 Minuten	Im Klassenzimmer einzeichnen der verfärbten Stellen auf einem vorbereiteten Arbeitsblatt mit der Abbildung eines Gebisses	Erinnern und übertragen: Wo muss ich besser putzen?	Arbeitsblatt Gebiss	Ziel 2
Abschluss: Ca. 5 Minuten	Die Schüler zeigen ihre Blätter und erklären, an welchen Stellen sie besonders aufpassen müssen; Falls vorher nicht erledigt: Einräumen	Verbalisieren;		

der Zahnputzbecher und Bürsten der Schüler in den Hygieneschrank; Beschriftung mit Namen	Aufbewahren für weiteren Gebrauch	

Reflexion:

Die Schülerinnen und Schüler freuten sich auf die zweite Unterrichtseinheit zu unserem neuen Thema und saßen schon erwartungsvoll im Halbkreis vor der Tafel.

Einführung: Die „4 Regeln" der Zahngesundheit fielen den Schülerinnen und Schülern nur bruchstückhaft ein. So erinnerte sich Ch. sofort an das Zähneputzen und B. an den Zahnarztbesuch. Mithilfe der Tafelbilder konnten die „4 Regeln" schließlich genannt werden. Als benötigte Zahnpflegeprodukte fielen sofort die Begriffe „Zahnbürste", „Zahnbecher" und „Zahnpasta". Produkte wie Mundspülung oder Zahnseide dagegen kannten die Schüler nicht. L. merkte an, dass er diese auch gern mal ausprobieren möchte.

Auf die Erstellung des Kurzfilms reagierten die Schüler im ersten Moment skeptisch.

Arbeitsphase I: Die Erarbeitung des Arbeitsblattes verlief recht schnell und es war spürbar, dass die Schülerinnen und Schüler aktiv werden wollten. Dennoch empfand ich es als vorteilhafter, das konzentrierte Arbeiten am Tisch dem praktischen Tun vorzuziehen, denn die Konzentrationsfähigkeit der Schülerinnen und Schüler nimmt zum Mittag hin spürbar ab. Dies bestärkte mich darin, weiterhin schriftliche Aufgaben an den Beginn der Unterrichtseinheit zu setzen. In Bezug auf das Zähneputzen waren die Schülerinnen und Schüler hoch motiviert. Es gefiel ihnen, dass sie ihre eigene Zahnbürste und ihren Becher aussuchen durften und sie waren neugierig auf die Zahnfärbetabletten.

Arbeitsphase II: Beim Zähneputzen hatten die Schülerinnen und Schüler viel Spaß und zeigten eine hohe Ausdauer, mit der ich zuvor nicht gerechnet hatte. Besonders motivierend wirkte die Zahnputzuhr, vor allem auf B. und L. Die Skepsis gegenüber der Kamera war schnell vergessen und die Jungen wollten alle beim Zähneputzen gefilmt werden. Dem Wunsch ging ich gerne nach. Der Platz auf der Jungentoilette ist etwas knapp für die Anzahl der Schüler, worüber ich mir zuvor auch schon Gedanken gemacht hatte. Das Problem löste sich wie von selbst, da ich immer nur zwei Schüler beim Putzen filmte und die anderen Beiden dann bei mir warteten. So blieb den putzenden Schülern genug Platz an den Waschbecken. Durch die Spannung der Schüler beim Filmen entstand auch kaum Unruhe.

Keiner der Schülerinnen und Schüler hatte zuvor Zahnfärbetabletten benutzt und sie begegneten diesem Versuch zwar neugierig, aber auch etwas vorsichtig. Ich erklärte es ihnen noch einmal ausführlich, dass sie diese zerbeißen sollen und mit der Zunge auf den Zähnen verteilen müssen. Außerdem teilte ich ihnen mit, dass die Tabletten wie Bonbons mit Himbeergeschmack schmecken. Durch die blau verfärbten Zähne und Zungen mussten die Schülerinnen und Schüler natürlich erst einmal lachen. Sie nahmen es dann jedoch schnell wieder ernst, spülten den Mund mehrmals aus und überprüften im Spiegel, wo sie nicht so gut geputzt hatten. Den Jungen der Klasse war sofort bewusst, dass es sich hier um Stellen handelt, die sie mit ihrer Zahnbürste nicht richtig gesäubert haben und wir schauten gemeinsam in den Spiegel, um die Stellen zu erkennen und nach zu putzen. M. und D. konnten den Zusammenhang der verfärbten Stellen und ihrem Zahnputzverhalten (noch) nicht begreifen. Allerdings war auch bei ihnen das Einsetzen der Tabletten nicht umsonst, denn es motivierte sie zu gezieltem Putzen, da sie im Anschluss die Verfärbungen „wegputzen" wollten.

Das Ausprobieren zusätzlicher Zahnpflegeprodukte wie zum Beispiel Zahnseide und Mundspülung ließ ich entfallen, da es den Rahmen gesprengt hätte. Allerdings möchte ich – auch auf Grund der Nachfrage von L. – das Ausprobieren dieser in die nächsten beiden Einheiten integrieren.

Arbeitsphase III: Die Jungen hatten keine Probleme damit, auf dem Arbeitsblatt die verfärbten Stellen in das Gebiss einzuzeichnen. Sie erinnerten sich sehr genau daran und zeichneten präzise. Da M. und D. den eigentlichen Grund für die Zahnfärbetabletten nicht verstanden hatten, blieb ihnen auch das Arbeitsblatt unverständlich. Ich half ihnen dabei und sie malten die Stellen an, die „ganz arg blau" im Mund waren. Die Schülerinnen und Schüler achteten selbsttätig darauf, blaue Farbe einzusetzen.

Abschluss: Ich räumte den Schülerinnen und Schülern noch etwas Zeit zur Gestaltung ihrer „Zahn- Merkhefte" ein, da wir nach der Unterrichtseinheit noch einen Zeitpuffer bis zum Mittagessen hatten. Außerdem beschrifteten wir die Zahnputzbecher und räumten sie in den Schrank zur weiteren Nutzung in der Schule.

<u>Die Schülerinnen und Schüler:</u>

M. putzte gemeinsam mit D. und der Unterstützung von Frau G. Es war sehr überraschend, wie gründlich und ausdauernd M. ihre Zähne putzte. Vor allem die Zahnputzuhr wirkte sich motivierend auf sie aus. Sie benötigte in erster Linie Anweisungen, um nicht an ein und derselben Stelle im Mund zu verweilen. Diese Problematik werde ich in der nächsten Unterrichtsstunde durch das Einführen der KAI- Zahnputzformel aufgreifen. Von den Färbetabletten war M. fasziniert, wenn auch anfangs ängstlich. Nach dem Probieren fand sie es lustig und ihre Motivation steigerte sich, so dass sie die verfärbten Stellen gründlich nachputzte, um die Farbe „wegzuputzen". M. reagierte allgemein sehr positiv auf das Thema Zahnhygiene und arbeitete bisher motiviert mit.

Für D. waren zu Beginn der Unterrichtseinheit die Abbildungen auf dem Arbeitsblatt schwer zu erkennen, da manche Schriftzüge enthielten, die sie nicht lesen konnte. Mit Unterstützung konnte sie die Zahnputzutensilien erkennen und einkreisen. Hier wurde erneut sehr deutlich, dass D. sehr auf praktische Tätigkeiten bezogen ist und sich von diesen am besten motivieren lässt. Sie putzte mit M. gemeinsam und bekam Anweisungen von Frau G., vor allem in Bezug auf ihre Handbewegungen und das Putzen verschiedener Stellen. Denise bekam leichtes Zahnfleischbluten, was sie nicht erschreckte. Sie putzte dann etwas vorsichtiger.

L. war besonders motiviert und wollte am liebsten gleich mit dem Zähneputzen beginnen. Mit dem Arbeitsblatt war er schnell fertig und suchte sich als Erster eine Zahnbürste und einen Becher aus. Beim Putzen unterstützte er vor allem seine Mitschüler. Die Zahnputzuhr faszinierte ihn und er stellte sie für sich und die anderen Jungen jeweils ein. L. stellte sich als der „beste Putzer" der Klasse heraus. Seine Zähne zeigten nur Verfärbungen in den Zwischenräumen, welche jedoch nur präzise mit Zahnseide oder Zwischenraumbürsten gereinigt werden können. Ich versprach ihm, dass wir das nächste Mal Zahnseide ausprobieren werden.

Ch. putzte wie erwartet sehr gründlich und langsam. Durch die Zahnfärbetabletten war gut zu erkennen, welche Stellen er noch einmal nachputzen sollte und dies nahm er besonders ernst. Zudem konnte er sich diese Stellen gut merken und auf dem Arbeitsblatt präzise einzeichnen.

Es fiel auf, dass Ch. sehr an Süßigkeiten und deren schlechte Wirkung auf die Zähne interessiert ist. Er macht sich häufig Gedanken darüber, ob und wie viel Süßigkeiten er essen darf. Am selben Tag fragte er mich nach dem Mittagessen, ob denn die Milchschnitte, die es als Nachtisch gab, schlecht für die Zähne sei. Wir schauten auf die Zutaten und fanden Zucker. Ich erklärte ihm allerdings, dass man schon Süßigkeiten essen darf, es allerdings nicht viel sein sollte und man sich eben regelmäßig die Zähne putzen sollte.

De. ließ sich in der Gruppe motivieren und putzte gemeinsam mit Ch. Von den Färbetabletten war er fasziniert und betrachtete seine Zähne lang im Spiegel. Zum gründlichen Nachputzen ließ er sich nicht mehr überreden und so spülte er nur den Mund mehrmals aus. Beim Einzeichnen auf dem Arbeitsblatt half ich ihm.

B. war besonders von der Zahnputzuhr, die er am liebsten gleich mit nach Hause genommen hätte, und der Kamera angetan. Er putzte sehr ausdauernd. Dennoch waren viele Stellen bei ihm verfärbt und er putzte gründlich nach. Beim Einzeichnen benötigte er Hilfe, da er sich nicht mehr so recht an die verfärbten Stellen an seinen Zähnen erinnern konnte.

Womit ich in dieser Unterrichtseinheit überhaupt nicht gerechnet hatte, war, dass Da. das Zähneputzen verweigern würde. Bei der ersten Einheit hatte er sich interessiert eingebracht und aus Gesprächen mit Frau G. weiß ich, dass Da.s Eltern sehr genau auf Hygiene – auch auf die Zahnhygiene – achten. Diesbezüglich herrschen zu Hause strenge Regeln. Allerdings sei ihr bekannt, dass er auch lieber zu Hause duschen geht anstatt direkt nach dem Schwimmunterricht im Hallenbad, möglicherweise aus Gewohnheit oder weil er sich eventuell geniert vor seinen Mitschülern. Den genauen Grund konnte ich auch nicht herausfinden, als ich ihn noch einmal darauf ansprach. Ich fragte ihn, ob er seine eigene Zahnbürste von zu Hause mitbringen möchte oder allein putzen gehen möchte. Beide Fragen verneinte er ebenfalls und meinte: „Vielleicht mache ich das nächste Mal ja doch mit."

6.6. Unterrichtseinheit Nr. 3 – Ausführlicher Unterrichtsentwurf

Ausschnitt Lehrfilm „Deine Zähne": KAI- Zahnputztechnik; Zahnputzablauf; Trocken-übungen am Modell, Zahnpflege praktisch mit Zahnputzuhr, Filmen.

Ergänzende Sachanalyse:

<u>KAI-Zahnputztechnik (Kauflächen - Außenflächen - Innenflächen):</u>

Die "KAI-Methode" (Kauflächen - Außenflächen - Innenflächen) ist eine Zahnputz-technik, die sich auch kleine Kinder gut merken können und die vom Zahnarzt beim ersten Zahnarztbesuch gezeigt und empfohlen wird.

Zunächst wird kräftig über die Kauflächen geputzt. Erst die oberen, dann sind die unteren Kauflächen dran.

Anschließend Schneidezähne aufeinander beißen und dann werden in kreisenden Bewegungen die Vorderzähne und anderen Außenflächen geputzt.

Zum Schluss sind die Innenflächen der Zähne dran. Hier ist es Geschmackssache: Entweder kreisende Bewegungen, wie bei den Außenflächen oder die Innenseiten der Zähne werden "ausgekehrt".

http://www.netmoms.de/magazin/gesundheit/milchzaehne/zahnputztechnik-kai-milchzaehne-richtig-putzen/

Lernausgangslagen:

Kognition/ Arbeits- und Lernverhalten, sowie Kommunikation siehe 6.5. Unterrichts-einheit Nr. 2

<u>M.:</u>

Entwicklungsbereich	Beschreibung/ Lernvoraussetzungen	Bedeutsamkeit für den Unterricht
Wahrnehmung	Konkret- gegenständliche Ebene; basal;	Praktische Übungen, unterstützt durch Fotos des Handlungsablaufs

Feinmotorik	Putzt ausdauernd; putzt ohne Anweisung nicht alle Stellen im Mund; kräftige Hoch- und Runter-Bewegungen	Kontrolle durch Zahnputzuhr; Vorgaben durch KAI-Zahnputztechnik, Verdeutlichung durch Bilder und Zeigen; Üben an Modell; Anweisungen durch Lehrperson
Selbstständigkeit	Kennt den Zahnputzablauf (Zahnbürste anfeuchten, Wasser in Becher, Zahnpasta auftragen); vergisst manche Stellen im Mund	Vorbereitungen zum Zähneputzen selbstständig treffen; zu mehr Selbstständigkeit durch visuelle Unterstützung (Bilder) führen
Sozialverhalten	Spielt zu Hause mit Puppen, in der Schule ansatzweise mit Denise Rollenspiel zu beobachten; zurückhaltend, wenn sie direkt angesprochen wird, hält dann Hand, Schal oder ähnliches vor das Gesicht	Mit Denise gemeinsam etwas vor der Kamera vorführen (Zahnputzablauf)

D.:

Entwicklungsbereich	Beschreibung/ Lernvoraussetzungen	Bedeutsamkeit für den Unterricht
Wahrnehmung	Konkret- gegenständlich;	Praktisches Üben;

	basal	Unterstützung durch Fotos des Ablaufs
Feinmotorik	Starke, kräftige Bewegungen; Putzt sehr ausdauernd;	Sie zu etwas mehr Vorsicht anleiten, da schnell Zahnbluten; Kontrolle durch Zahnputzuhr;
	einseitige Bewegungen, putzt meist gleiche Stelle	Vorgaben durch KAI-Zahnputztechnik; Anweisungen durch Lehrperson und über Bilder und Vorzeigen
Selbstständigkeit	Kennt den Zahnputzablauf (Zahnbürste anfeuchten, Wasser in Becher, Zahnpasta auftragen); putzt ohne Anweisung recht einseitig	Vorbereitungen zum Zähneputzen selbstständig treffen; Visuelle Unterstützung (Bilder) anbieten
Sozialverhalten	Mag Rollenspiele, spielt zu Hause „Schule" oder „Krankenhaus", kümmert sich liebevoll um Puppe; traut sich, vor der Gruppe zu sprechen oder etwas vorzuführen	Zähneputzen vorführen; sich mit Hilfe von Bildern ausdrücken

Da.:

Entwicklungsbereich	*Beschreibung/ Lernvoraussetzungen*	*Bedeutsamkeit für den Unterricht*

Wahrnehmung	Anschaulich, abstrakt-begrifflich	Verbale Erklärungen; anschauliche Beispiele anhand von Bildern und dem Lehrfilm
Feinmotorik	Ordentlich und sehr genau	Selbstständiges Putzen; Unterstützung seiner Mitschüler durch Vorzeigen
Selbstständigkeit	Strenge Vorgaben zu Hause, ungewohnte Situation für ihn in der Schule (da sonst kein Zähneputzen in Schule)	Ihm anbieten allein oder mit Gruppe zu putzen, Neugierde wecken durch Zahnfärbetabletten und zusätzliche Produkte
Sozialverhalten	Eher zurückhaltend, wenn es darum geht, etwas zu präsentieren; ist lieber assistierend tätig oder hält sich im Hintergrund	Tätigkeiten hinter der Kamera; Karten zeigen

Ch.:

Entwicklungsbereich	Beschreibung/ Lernvoraussetzungen	Bedeutsamkeit für den Unterricht
Wahrnehmung	Anschaulich, konkret-gegenständlich	Verbale Erklärungen anhand von Bildern und Vorzeigen, Lehrfilm
Feinmotorik	Sehr präzise; achtet darauf, beim Zähneputzen jede Stelle gründlich zu putzen	Struktur durch Zahnputztechnik; freiwilliges Überprüfen der Gründlichkeit mit Zahnfärbetabletten;

		Nutzung zusätzlicher Zahnpflegeprodukte
Selbstständigkeit	Putzt selbstständig	Üben der Zahnputztechnik durch Bilder, sonst selbstständiges Putzen
Sozialverhalten	Spielt zu Hause mit seiner Schwester Rollenspiele; kann sich vor der Gruppe präsentieren, traut sich vor Anderen zu sprechen	Auch Text vor der Kamera aufsagen, vorher mehrmals üben, damit er es nicht wieder vergisst

B.:

Entwicklungsbereich	*Beschreibung/ Lernvoraussetzungen*	*Bedeutsamkeit für den Unterricht*
Wahrnehmung	Konkret- gegenständlich	Vorzeigen und Nachahmen seiner Mitschüler als Ergänzung zu Bildmaterial
Feinmotorik	Schnelle, weniger gezielte Bewegungen; achtet nicht so sehr auf Genauigkeit	Mehr Genauigkeit durch Zahnputztechnik erreichen; vernachlässigte Stellen mit Färbetabletten aufzeigen, zum Nachputzen motivieren
Selbstständigkeit	Kann Zahnputzablauf selbstständig durchführen; interessiert sich besonders für Zahnputzuhr	Nur Anweisungen durch Bilder zur Zahnputztechnik; Einsetzen der Zahnputzuhr

Sozialverhalten	Erzählt gern und viel; jedoch auch sehr schüchtern, wenn man ihn direkt anspricht, spricht dann undeutlich und „nuschelt", wenn er aufgeregt ist	Ihn dazu motivieren auch etwas vor der Kamera zu sagen und sich zu trauen, den Text vorher mehrmals üben

De.:

Entwicklungsbereich	Beschreibung/ Lernvoraussetzungen	Bedeutsamkeit für den Unterricht
Wahrnehmung	Konkret- gegenständliche, anschauliche Ebene	Unterstützung durch Bilder; Nachahmung seiner Mitschüler; Lehrfilm
Feinmotorik	Schnelle, wenig gezielte Bewegungen; verliert schnell das Interesse	Mehr Genauigkeit durch Zahnputztechnik und Färbetabletten; Motivation durch Putzen in der Gruppe
Selbstständigkeit	Führt Zahnputzablauf selbstständig durch	Selbstständiges Putzen; Üben der Zahnputztechnik
Sozialverhalten	Schüchtern, wenn er vor der Gruppe etwas präsentieren soll	Ihn im Tun filmen oder assistierende Tätigkeiten; ihn zum Sprechen ermuntern mit Unterstützung von Bildern

<u>L.:</u>

Entwicklungsbereich	Beschreibung/ Lernvoraussetzungen	Bedeutsamkeit für den Unterricht
Wahrnehmung	Anschaulich, abstrakt-begrifflich	Verbale Erklärungen; Unterstützung durch Bilder und Lehrfilm
Feinmotorik	Sehr präzise; lässt beim Putzen keine Stelle aus	Freiwilliges Nachprüfen durch Färbetabletten; Üben der Zahnputztechnik als zusätzliche Unterstützung
Selbstständigkeit	Selbstständiges Putzen; Interesse an zusätzlichen Zahnpflegeprodukten	Unterstützt seine Mitschüler; Ausprobieren zusätzlicher Produkte
Sozialverhalten	Führt gern etwas vor der Gruppe vor, beim Sprechen dann jedoch eher schüchtern	Ihn motivieren, vor der Kamera einen Text zu sprechen; vorher mehrmaliges Üben; ihn etwas präsentieren lassen

Ziele für die Unterrichtseinheit:

1. Die Schülerinnen und Schüler üben durch die KAI- Zahnputztechnik Genauigkeit beim Putzen.
2. Die Schülerinnen und Schüler putzen selbstständig mit Unterstützung von Abbildungen ihre Zähne und setzen eine Zahnputzuhr zur Kontrolle der Zeit ein.
3. Die Schülerinnen und Schüler präsentieren ihr erworbenes Wissen und Können der Zahnputztechnik vor der Kamera.

Individuelle Ziele:

> M. trifft die Vorbereitungen zum Zähneputzen ohne Hilfe und übt sich in mehr Genauigkeit mit Hilfe der Zahnputztechnik und durch Übungen am Modell.

> D. übt vorsichtige, langsame Bewegungen und putzt sämtliche Flächen im Mund mit visueller Hilfe in Form von Bildern (Kauflächen, Außenflächen, Innenflächen) und durch vorherige Übungen am Modell.

> Da. übt genaues Putzen mit der KAI- Zahnputzformel und präsentiert sein Können vor der Kamera.

> Ch. putzt selbstständig nach der Zahnputzformel und übernimmt eine Sprechrolle vor der Kamera zur Verdeutlichung.

> B. achtet mehr auf Genauigkeit und ruhige Bewegungen beim Zähneputzen und überprüft sein Putzverhalten mit Färbetabletten.

> De. erweitert seine Ausdauer beim Zähneputzen, indem er die Zahnputzuhr einsetzt.

> L. zeigt sein Können vor der Kamera und unterstützt seine Mitschüler durch Vormachen und Erklärungen.

Phase	Ablauf (Sozialform)	Didaktisch- methodischer Kommentar	Benötigte Materialien	Stundenziele, individuelle Ziele
Einführung: Ca. 10 Minuten	Einführung zur KAI-Zahnputztechnik durch Lehrfilm „Deine Zähne" (im Medienraum, im Halbkreis vor der Leinwand); Wiederholung der Schüler durch Zeigen anhand von Bildern	Veranschaulichung durch Beispiel im Film; Motivationssteigerung durch kurzen Einstieg über Film; nach Bedarf wiederholtes Anschauen des Filmabschnitts, um sich besser an Inhalt erinnern zu können	Lehrfilm „Deine Zähne"; Bilder der KAI-Zahnputztechnik	
Arbeitsphase I: Ca. 10 Minuten	Bearbeitung des Zahnputzablaufs anhand eines Arbeitsblattes (im Klassenzimmer, an den Tischen), Zuordnung der Bilder zu den Beschreibungen für die Jungen; Ordnen der Bilder des Zahnputzablaufs auf vorbereitetem Blatt mit Klett für M. und D.;	Lesen kurzer Anweisungen; Verinnerlichung des Ablaufs; Sortieren der Bilder; zum Ankletten, um Zeit einzusparen; Vor allem als Unterstützung für	Arbeitsblatt Zahnputzablauf mit Anweisungen; Laminiertes Blatt mit Kärtchen	

			Gebiss- Modell	M., D.
	Übungen zur KAI- Zahnputztechnik an übergroßem Gebiss- Modell, Aufzeigen der Kauflächen, Außen- und Innenflächen; Austeilen der Zahnputzbecher und Bürste der Schülerinnen und Schüler	M., D. und De., da großflächige Bewegungen möglich sind und die Flächen durch ihre Größe leichter zu unterscheiden sind		
Arbeitsphase II: Ca. 20- 25 Minuten	Zähneputzen nach der KAI- Formel (in den Waschräumen der Jungen und Mädchen) ; Kontrolle durch Färbetabletten und freiwillige Nutzung zusätzlicher Produkte; Vorführen der Zahnputztechnik vor der Kamera	Unterstützung durch Bildmaterial, Zahnputzuhr, Zahnfärbetabletten zur Kontrolle des Zahnputzverhaltens; Mundspülung und Zahnseide zum Ausprobieren (L.)	Zahnputzutensilien, Bildmaterial zu KAI, Zahnputzuhr, Färbetabletten, Mundspülung, Zahnseide	Ziel 1+2; M., D., Ch., Da., B., De., L. Ziel 3
Abschluss: Ca. 10 Minuten	Aufräumen der Zahnbürsten und Becher; Besprechen, was sich nun mit der Zahnputztechnik geändert hat und ob die Zähne diesmal sauberer geworden sind (im	Vergleich mit erstem Zähneputzen, Kontrollieren des		

Klassenzimmer, an den Tischen)	Zahnputzverhaltens der Schüler	

Reflexion:

<u>Einführung:</u>

Die Schülerinnen und Schüler verfolgten den Lehrfilm sehr aufmerksam und versuchten, sich so viel wie möglich von den Erklärungen im Film zu merken. Den Ablauf der KAI- Zahnputztechnik konnten sie gut anhand der Bilder erklären.

<u>Arbeitsphase I:</u>

M. und D. hatten ihre Aufgabe schnell erledigt, während die Jungen für das Ausschneiden und Zusammenfügen der Bilder mit den Beschreibungen mehr Zeit benötigten. Dies war jedoch nicht hinderlich, sondern von Vorteil, da die Mädchen die Unterscheidung der verschiedenen Zahnflächen (Kaufläche, Außen- und Innenfläche) an dem Gebiss- Modell üben konnten. Da beide sehr einseitig putzen, konnten sie hier üben jede Stelle im Mund zu erreichen. Die Größe erleichterte es ihnen.

<u>Arbeitsphase II:</u>

Hier standen diesmal die Zahnputzformel, sowie das Filmen im Vordergrund. Die Schülerinnen und Schüler gingen wieder sehr motiviert in die Waschräume und an das Zähneputzen. Das Filmen während des Zahnputzablaufs verlief problemlos. Bei kurzen Sprechrollen zeigten sich die Schülerinnen und Schüler zurückhaltend und mussten zusätzlich unterstützt und motiviert werden.

<u>Abschluss:</u>

Die Schülerinnen und Schüler betrachteten ihre Zähne diesmal genauer im Spiegel und putzten die verfärbten Stellen nach. Es war jedoch schwierig zu unterscheiden, ob bereits eine Besserung vorliegt oder nicht. Hierfür bedarf es mehrerer Übungsdurchläufe.

<u>Die Schülerinnen und Schüler:</u>

Zu Beginn der Unterrichtseinheit war M. besonders aufmerksam während des Lehrfilms „Deine Zähne" und konnte sich auch vieles merken, wovon sie im Anschluss berichtete. Bei der Zuordnung des Zahnputzablaufs wurde sie unruhiger und benötigte etwas Hilfe. Bei der Übung am Modell reagierte sie gut auf verbale Anweisungen und „putzte" das Gebiss ganzheitlich. Ähnlich verlief es dann beim Zähneputzen. Vorwiegend putzte sie sehr einseitig, nämlich links unten. Auf Anweisungen beachtet

sie auch weitere Stellen, rutschte jedoch schnell wieder auf die für sie wohl beque-
mer zu erreichende Stelle. Bei den Vorbereitungen zum Zähneputzen (Zahnpasta auf
die Zahnbürste, Wasser in den Becher) wartete M. ab. Zu Hause bekommt sie viel
von ihrer Mutter abgenommen und wollte auch hier einmal, dass ich ihr die Zähne
putze. Als ich sie beim Zähneputzen filmen wollte, reagierte sie sehr aufgeregt und
hielt die Hand vor ihr Gesicht. Ich probierte es nach kurzer Zeit ein zweites Mal möglichst unbemerkt während M. und D. vor dem Spiegel standen, doch es fiel ihr auf
und sie versuchte sich wieder hinter ihrer Hand „zu verstecken".

Auch D. verfolgte aufmerksam den Lehrfilm. Die Unterscheidung der Zahnflächen fiel
ihr schwer und ich achtete in erster Linie darauf, dass sie ganzheitlich putzte. Am
Modell war dies gut zu üben. Beim Zähneputzen selber verweilte sie meistens an
einer Stelle (rechts unten). Auf Anweisungen reagierte sie und versuchte dann auch,
weitere Stellen im Mund zu putzen, wobei es ihr vom motorischen Ablauf her eher
schwer fällt. Sie benötigt hier eindeutig mehr Übung. Erfreulich war, dass D. morgens
und nach dem Mittagessen häufig ihre Zähne putzen geht und auch selbst danach
fragt. Besonders überrascht hat mich D., als sie die Vorbereitungen und den Ablauf
des Zähneputzens vollständig allein bewältigte und sogar – im Gegensatz zu den
Jungs – an die Zahnpasta dachte und für diese eine mitnahm. Als ich filmte, putzte
D. unbeirrt weiter und ließ sich nicht stören.

Die Jungen der Klasse putzten sehr ausdauernd und gründlich. B. benötigte ein paar
Anweisungen, verbesserte seine Gründlichkeit jedoch deutlich. Da. übernahm das
Zeigen und Wiederholen der Zahnputzformel und konnte sich somit trotz seiner
Abneigung, in der Schule Zähne zu putzen, mit einbringen. Im direkten Mittelpunkt
wollte er nicht stehen, was aber auch nicht notwendig war. Ch. übernahm sehr gern
die Rolle des Zahnarztes. Der Text musste zuvor mehrmals geübt werden, da er
sonst schnell vergessen wurde und ich kürzte ihn auch spontan noch ein wenig. Ch.
stellte sich als passender „Zahnarzt" dar und stand gern im Mittelpunkt.

L. reagierte vor der Kamera sehr schüchtern und zurückhaltend und musste zusätzlich animiert werden.

B. präsentierte sich gern im Tun beim Zähneputzen. Als es darum ging, einen kurzen Satz zu sagen, benötigten wir mehrere Anläufe, da er sich ganz klein machte und unverständlich sprach.

6.7. Unterrichtseinheit Nr. 4 – Kurzbeschreibung

Zahnpasta mit Fluorid und zusätzliche Pflegeprodukte; Versuch Ei und Fluorid

Ziele:

- Die Schülerinnen und Schüler stellen Vermutungen über die Wirkung der Zahnpasta an und beobachten diese anhand eines Versuches.
- Die Schülerinnen und Schüler wiederholen und üben die KAI- Formel und führen die Zahnputztechnik vor der Kamera vor.

Verlauf:

Die Unterrichtseinheit beginnt *im Medienraum*. Die Schülerinnen und Schüler setzen sich vor die Leinwand und wir schauen einen Ausschnitt des Films „Deine Zähne" an. Dieser beschäftigt sich mit der Zahnpasta und dem darin enthaltenen Fluorid, welches so wichtig für die Zähne ist. An einer Stelle stoppe ich den Film kurz, um die Schülerinnen und Schüler den Schriftzug der Zahnpasta erlesen zu lassen.

Im Klassenzimmer an vorbereiteten Tischen teile ich die Schülerinnen und Schüler in zwei Gruppen. Vor Beginn des Versuches erkläre ich, dass wir nun ausprobieren wollen, wie denn die Zahnpasta unsere Zähne schützt und dass – in diesem Zusammenhang - unser Zahnschmelz, also die Oberfläche der Zähne, eine ähnliche Beschaffenheit hat wie eine Eierschale. Ich lasse die Schülerinnen und Schüler fühlen, dass sich das Ei genauso hart anfühlt wie die Zähne.

Mit leichter Unterstützung befolgen die beiden Gruppen die Anweisungen auf dem Arbeitsblatt zur Durchführung des Versuches. Im Anschluss schreiben und/ oder malen sie ihre Ergebnisse auf das Blatt.

Im Halbkreis besprechen wir die Ergebnisse des Versuches und ich verdeutliche den Schülerinnen und Schülern, dass unsere Zähne genauso von Bakterien angegriffen werden wie das Ei in dem Glas von dem Essig.

Nach dem Aufräumen der Materialien und Einordnen der Blätter, Üben die Schülerinnen und Schüler ein zweites Mal die KAI- Formel und führen ihr Können vor der Kamera vor.

Reflexion:

Die Schülerinnen und Schüler reagierten sehr positiv auf den Versuch mit dem Ei im Essigglas. Ich achtete vor dem Versuch auf eine ausführliche Erklärung, da es mir wichtig war, dass sie den Zusammenhang verstehen. Die beiden Gruppen bestrichen jeweils ein Ei mit Zahnpasta und legten es in ein Glas mit Essig und ein weiteres Ei kam ohne den Schutz der Zahnpasta in ein zweites Glas mit Essig. An dieser Stelle fragte ich, was wohl mit dem Ei passieren könnte und sammelte die Vermutungen der Schülerinnen und Schüler. Ch. vermutete, das Ei könnte platzen, Da. meinte, die Farbe der Schale könnte sich ändern. Ihre Mitschüler schlossen sich an und notierten auf ihrem Arbeitsblatt: „Die Farbe verändert sich." M. und D. malten ein helleres Ei auf ihr Blatt. Schon nach wenigen Minuten konnten die Schülerinnen und Schüler kleine Veränderungen erkennen und diese deutlich benennen. So erkannten sie deutlich, dass von dem Ei ohne Zahnpasta viele kleine Blasen aufstiegen.

Wir ließen die Eier in den Gläsern und gingen gemeinsam in die Waschräume. D. traf vollkommen selbstständig die Vorkehrungen zum Zähneputzen. Da. war es nach wie vor unangenehm, seine Zähne in der Schule zu putzen und er nahm eine weitestgehend beobachtende Position ein und unterstützte mich beim Filmen seiner Mitschüler.

L. wollte unbedingt die Zahnseide ausprobieren. Da er diese noch nie benutzt hatte, machte ich es ihm vor. Die Handhabung fiel ihm noch etwas schwer.

M. und D. putzten wieder gern zusammen, was sich für beide als förderlich herausstellte. D. putzte dieses Mal viel gründlicher als bei den ersten beiden Malen. Sie benötigte zwar noch verbale Anweisungen, aber sie achtet darauf, alle Seiten, sowie oben und unten zu putzen, was im Vergleich zum Beginn schon ein großer Fortschritt ist. Ich war erst skeptisch, M. und D. Mundspülung ausprobieren zu lassen, da ich vermutete, sie würden es schlucken. Frau G. probierte es mit ihnen und sie behielten es kurz im Mund, gurgelten ein wenig und spuckten es wieder aus. Anschließend spülten beide mit etwas Wasser nach.

Nach dem Zähneputzen kehrten wir in das Klassenzimmer zurück und die Schülerinnen und Schüler schauten sofort interessiert nach den Eiern. Da. formulierte seine Beobachtungen sehr genau: „Bei dem Ei ohne Zahnpasta hat sich Schaum gebildet und da sind viele Bläschen." Auch M. wollte unbedingt die beiden Eier sehen und erkannte den Unterschied. Da. und L. nahmen die Eier vorsichtig aus den Gläsern und strichen mit den Fingern darüber. Hier machten sie gleich eine weitere Entdeckung: „Ohne Zahnpasta geht die Farbe ab." Ich verdeutlichte, dass so auch die Bakterien unser Zähne angreifen wie der Essig das Ei und wir die Zähne deshalb durch regelmäßiges Putzen schützen sollten.

Die Eier mit und ohne Zahnpasta im Vergleich

6.8. Unterrichtseinheit Nr. 5 – Kurzbeschreibung

Auswirkungen mangelnder Zahnpflege und zuckerhaltiger Nahrungsmittel; Zahnerkrankungen; der Zahnarztbesuch

Ziele:

- Die Schülerinnen und Schüler unterscheiden gesunde von kranken Zähnen.
- Die Schülerinnen und Schüler wiederholen und verfestigen ihr Wissen über die Auswirkungen mangelnder Zahnhygiene und zuckerhaltiger Nahrungsmittel auf die Zahngesundheit.
- Die Schülerinnen und Schüler verfolgen den Ablauf eines Zahnarztbesuches nach.

Verlauf:

Nach dem Einstieg *im Medienzimmer* mit einem Ausschnitt aus dem Film „Deine Zähne", begeben sich die Schülerinnen und Schüler zurück ins *Klassenzimmer an die Tische.* Gemeinsam bearbeiten wir den Zahnarztbesuch. Hierbei erlesen die Jungen der Klasse die Beschreibungen und kleben die passenden Bilder dazu, während M. und D. die Bilder in die passende Reihenfolge bringen.

Nach der gemeinsamen Aufgabe sind Stationen *in und vor dem Klassenzimmer* aufgebaut. Hierbei gibt es für die verschiedenen Schülerinnen und Schüler Pflichtstationen, welche diese erledigen sollen und Stationen, die sie machen können, wenn sie schneller fertig sind.

Für M. und D. liegen Bilder bereit, die gesunde und von Karies befallene Zähne zeigen. Diese sollen sortiert werden und die möglichen Gründe für den Erhalt der Zähne beziehungsweise für Karies sollen ebenfalls in Form von Symbolen dazu geordnet werden.

Die Aufgaben für die Jungen sind ähnlich, mit dem Unterschied, dass diese erlesen werden sollen und weniger Bilder enthalten. Auch hier habe ich noch einmal Differenzierungen vorgenommen, indem ich für B. und Ch. einige Symbole als Unterstützung hinzugefügt habe.

Als *Abschluss* sitzen die Schülerinnen und Schüler noch einmal *im Halbkreis* und wir besprechen die Ergebnisse.

Reflexion:

Den Schülerinnen und Schülern ist das Arbeiten an Stationen bekannt und es macht ihnen Spaß, da sie hier ihrem eigenen Arbeitstempo folgen können. Sie gingen nach der Einführung sofort motiviert an ihre Aufgaben.

M. und D. erhielten Unterstützung von der Praktikantin und blieben ausdauernd an ihrer Aufgabe. Mit dem Sortieren der Bilder hatten sie keine Schwierigkeiten, ebenso war ihnen bewusst, dass süße Nahrungsmittel schädlich für die Zähne sind.

L. und Da. erledigten ihre Aufgaben schnell und ordentlich. Für diesen Fall hatte ich ein paar zusätzliche Aufgaben bereit gelegt, da es mir vor allem bei L. bekannt ist, dass er sehr schnell arbeitet und, wenn er erst einmal konzentriert an einer Sache ist, auch unbedingt weiter machen möchte. Ch. und B. unterstützte ich beim Erlesen einzelner Wörter.

In der *Abschlussrunde* nach dem Besprechen der Ergebnisse zeigte ich den Schülerinnen und Schülern ein paar Produkte mit dem „Zahnmännchen mit Schirm", welches zahnschonende Leckereien ausweist. Im ersten Unterrichtsblock wurde im Lehrfilm auf dieses Zeichen aufmerksam gemacht und die Schülerinnen und Schüler hatten überlegt, ob sie das Zeichen schon einmal auf Verpackungen gesehen hatten. Natürlich durften sie die Bonbons dann auch probieren und kamen zu dem Ergebnis, dass sie gar nicht anders schmeckten wie „normale" Bonbons.

6.9. Unterrichtseinheit Nr. 6 – Kurzbeschreibung

Lehrfilm „Deine Zähne"; zahngesunde Ernährung (Frühstück)

Ziele:

- Die Schülerinnen und Schüler vertiefen ihr Wissen über zahngesunde Ernährung.
- Die Schülerinnen und Schüler bereiten gemeinsam ein „zahnfreundliches" Frühstück vor.

Verlauf:

Da der Lehrfilm immer sehr aufmerksam von den Schülerinnen und Schülern verfolgt wurde und ich eine Zusammenfassung als sinnvoll halte, schauen wir ihn uns *zu Beginn* der Unterrichtseinheit *im Medienraum* komplett an.

Im Anschluss lasse ich die wichtigsten Regeln für die Zahngesundheit von den Schülerinnen und Schülern wiederholen. Hierzu nehme ich die Karten der vorherigen Stunde als Erinnerungshilfe. So sprechen wir in erster Linie noch einmal über die „4 Regeln der Zahngesundheit", die KAI- Zahnputzformel, die Zahnpasta, den Zahnarztbesuch und die zahngesunde Ernährung.

Im Klassenzimmer liegen Aufgaben zu zahngesunder Ernährung bereit, die von den Jungen schriftlich und von M. und D. in Form von Bildern unterschieden werden.

In der *zweiten Arbeitsphase* teile ich die Klasse in zwei Gruppen. Hierbei überlasse ich den Schülerinnen und Schülern die Entscheidung, welche Tätigkeit sie erledigen möchten. Mit einer Gruppe gehe ich in die Küche, um Gemüse zu schneiden, sowie Brot und Wurst auf Tellern anzurichten. Die andere Gruppe deckt den Tisch im Speisesaal und sorgt für die Getränke (Milch und Mineralwasser).

Gemütlich frühstücken wir dann zusammen, räumen danach ab und spülen das Geschirr.

Reflexion:

Obwohl die Schülerinnen und Schüler einzelne Szenen aus dem Film schon kannten, waren sie wieder sehr aufmerksam und passten gut auf. Besonders an die „4 Regeln der Zahngesundheit" konnten sie sich ohne Gedächtnisstütze erinnern. Schwieriger fiel ihnen die KAI- Zahnputzformel, was wohl vor allem an den langen und weniger geläufigen Begriffen (Kauflächen, Außenflächen, Innenflächen) lag. D. löste dieses Problem, indem sie mit dem Finger auf die jeweiligen Zähne zeigte. L. kürzte die Begriffe ab und nannte stattdessen „oben", „unten", „außen" und „innen". Den Schutz der Zahnpasta erklärte Da. , indem er an unseren Versuch mit dem Ei in Essig erinnerte und dieses überraschend präzise aus dem Gedächtnis wiedergeben konnte. Den Zahnarztbesuch erklärte Ch. ausgehend von seinen eigenen Erfahrungen und der Bilderabfolge aus der letzten Unterrichtseinheit.

Die schriftliche Aufgabe lief sehr konzentriert und flüssig ab. Da die Schülerinnen und Schüler bereits gesehen hatten, dass ich mit Einkäufen in die Schule gekommen war, wussten sie, dass es danach in die Küche ging. Aus dem Hauswirtschaftsunterricht sind ihnen die Vorgehensweisen im Speisesaal und in der Küche bekannt. D., L. und Ch. halfen mir beim Schneiden des Gemüses, Anrichten der Wurst und Abkochen der Eier, während Da., M. und B. gemeinsam mit der Praktikantin im Speisesaal den Tisch deckten und die Getränke richteten.

Vor allem Ch.s Interesse in Bezug auf zahngesunde Ernährung wurde gestillt. „Das schmeckt sogar mal besser als Nutella.", kommentierte er sein sonst gewohntes morgendliches Nutella- Brot.

6.10. Unterrichtseinheit Nr. 7 – Kurzbeschreibung

Filmen nach Drehbuch: Wiederholung des Zahnputzablaufs und des Gelernten

Ziele:

- Die Schülerinnen und Schüler präsentieren den eingeübten Zahnputzablauf vor der Kamera.
- Die Schülerinnen und Schüler erklären und zeigen die wichtigsten Regeln zur Zahngesundheit.

Verlauf:

Im Klassenzimmer setzen wir uns in den *Halbkreis.* Ich erkläre den Schülerinnen und Schülern noch einmal, dass wir einen kurzen Film über das, was wir über das Zähneputzen und die Zahngesundheit gelernt haben, drehen wollen. Ich erinnere an den Lehrfilm, den wir gemeinsam angeschaut haben und frage, wie sich ein „Schauspieler" vor der Kamera wohl verhalten soll und worauf man besonders achten sollte. Ich sammle Vorschläge der Schülerinnen und Schüler und ergänze diese. Besonders wichtig sind mir dabei: 1. In die Kamera schauen, 2. Deutlich zeigen, was man tut, 3. Verständlich und laut sprechen, 4. Die Zuschauer müssen leise sein. Durch Karten werden diese 4 Regeln verdeutlicht.

Jeweils zwei Schüler stehen gleichzeitig vor der Kamera. Wobei einer von ihnen spricht und sich als „Doktor" in weißem Kittel verkleidet. Der Zweite zeigt zur Unterstützung Karten beziehungsweise führt das Beschriebene vor. Die restlichen Schülerinnen und Schüler halten sich währenddessen im Hintergrund und schauen zu. Anschließend wird gewechselt.

Der erste Teil erfolgt im Klassenzimmer, des Weiteren gehen wir mit den Zahnputzutensilien in die Waschräume, um dort den praktischen Teil des Zähneputzens festzuhalten.

Reflexion:

Kurz vor den Faschingsferien wurde leider fast die Hälfte der Klasse krank. Allerdings hatte ich zuvor schon gelegentlich gefilmt und konnte in dieser Unterrichtseinheit ergänzende Szenen filmen. Da die Gruppe recht klein war, lief es dann auch ruhig ab und wir konnten mehrere Versuche durchführen.

Zu Beginn des Unterrichts fielen vor allem L. und Ch. einige Regeln ein, auf die man beim Drehen achten sollte. Da sie sich zunehmend auch für technische Geräte interessieren (Kamera, Computer, Beamer, Smartboard) weitete ich das Themenfeld etwas aus und wir warfen einen Blick „hinter die Kulissen". So durfte Da. einmal die Kamera führen und wir überlegten uns, worauf denn der Kameramann achten sollte. Den Jungen fiel von selbst ein, dass man die Kamera ruhig halten muss, damit das Bild nicht verwackelt, dass man nicht zu weit weg stehen sollte und es nicht zu dunkel sein darf.

M. lässt sich für gewöhnlich nicht gern fotografieren und hält dann meist die Hand oder ein Tuch vor das Gesicht. Da ich die Schülerinnen und Schüler diesmal in ein Rollenspiel einband, wurde auch M.s Interesse geweckt und es überraschte mich, als sie von selbst sagte: „Ich will auch Doktor spielen.".

L. blieb ebenfalls sehr zurückhaltend beim Sprechen sobald die Kamera lief. Bei den Proben traute er sich mehr zu.

7. Reflexion der Gesamteinheit

7.1. Gesamtreflexion

Die Klasse zeigte sich sehr interessiert und motiviert. Zu Beginn des Unterrichtsvorhabens hatte ich damit gerechnet, dass die Schülerinnen und Schüler schwer zum Zähneputzen zu motivieren seien, da Hygiene häufig ein Thema ist und nicht immer positiv aufgenommen wird. Allerdings stellte es sich dann heraus, dass gerade das Zähneputzen am meisten Begeisterung hervor rief und die Schülerinnen und Schüler sogar von sich aus nach dem Mittagessen putzen gingen. Vor allem D. ist dies wieder sehr wichtig geworden. Besonders motivierend hatten sich die eigenen Zahnbürsten und Becher auf die Schülerinnen und Schüler und die neuen Produkte, welche sie ausprobieren konnten, ausgewirkt. Eine Ausnahme bildete Da., der sich nicht zum Zähneputzen in der Schule motivieren ließ. Ich vermute, dass es ihm unangenehm erschien. Dennoch nahm er aktiv am Unterricht teil und zeigte Interesse am Thema.

Meine Wahl der Methoden erschien mir als vielfältig und die Begeisterung der Klasse zeigte mir, dass Lernen ganzheitlich stattfinden muss und es den Schülerinnen und Schülern mit besonderem Förderbedarf die meisten Vorteile bringt, wenn dieses Lernen in Form von praktischen Tätigkeiten und anschaulichen Materialien geschieht. Auf diese Weise blieb mir das Interesse gesichert und sie konnten lebenspraktisch lernen, um dies auch in ihrem Alltag umzusetzen.

Das Einsetzen der Videokamera stellte sich als schwierig heraus und rief zunehmend Verunsicherung bei den Schülerinnen und Schülern hervor. Es ist ihnen zwar vertraut, dass Fotos von ihnen gemacht wird, das Filmen stellte für sie jedoch etwas Neues dar und sie reagierten zurückhaltend. Mein eigentlicher Gedanke war es, das Filmen als zusätzliche Motivation einzusetzen, was sich als nicht nötig herausstellte. Mein Hauptaugenmerk lag natürlich eindeutig auf der Zahnhygiene und ich setzte die Kamera eher am Rande ein beziehungsweise unterstützend und um das Gelernte zu wiederholen. Für einen längeren und professionelleren Film bedürfe es meiner Meinung nach eines eigenen Projektes.

Die Schülerinnen und Schüler bringen mich durch das Unterrichtsvorhaben unter anderem mit der Thematik in Verbindung und stellen mir auch im Schulalltag Fragen zum Beispiel zur Ernährung. Mein Verhältnis zu den Schülerinnen und Schülern hat sich im Laufe des Schuljahres intensiviert und es stellte für mich eine Selbstverständlichkeit dar, dass in der letzten Woche vor den Ferien der Unterricht reibungslos verlief, obwohl meine Mentorin nicht anwesend war, da sie krank war.

7.2. Ausblick

Das Thema Hygiene begleitet uns ständig im Schulalltag und wir achten sehr darauf und sind bemüht, den Schülerinnen und Schülern zu mehr Selbstständigkeit diesbezüglich zu verhelfen. Weiterhin wird sich ihnen die Möglichkeit bieten nach dem Essen die Zähne zu putzen. Außerdem ist nach den Ferien, am 28.02., noch der Besuch einer Zahnarztpraxis geplant und wir werden uns noch gemeinsam unseren Kurzfilm anschauen. Da im Laufe des Unterrichts das Interesse der Schülerinnen und Schüler an Ernährung hervorgestochen ist, werden wir dies im Hauswirtschaftsunterricht aufgreifen.

8. Literaturverzeichnis

- „Themenheft Zähne", 1./2. Klasse, Katja Niemann/ Kathrin Zindler, 3. Auflage – Kempen: BVK Buch Verlag Kempen GmbH, 2011; ISBN 978-3-86740-158-6
- „Lernwerkstatt Unsere Zähne"- Richtige Zahnpflege ist lebenswichtig! Gabriela Rosenwald, 1. Auflage 2012, Kohl- Verlag, Kerpen 2012; ISBN 978-3-86632-482-4
- Landesmedienzentrum: Film „Deine Zähne", Aufbau und Pflege, Medien LB (Gauting) 2008, Regie: Stahl/ Gerhard, Redaktion: Markwart/ Hildegard, Redaktion: Schinkel/ Edeltraut, Produktionsleitung: Schramm/ Axel; Verleihnummer: 4658327 (DVD- Video)
- Bildungsplan für die Schule für Geistigbehinderte (2009), Ministerium für Kultus, Jugend und Sport Baden- Württemberg, Neckar- Verlag
- „Schüler mit geistiger Behinderung unterrichten", Terfloth/ Bauersfeld, 2012, Ernst Reinhardt, GmbH & Co KG, München, ISBN 978-3-8252-3677-9
- Bildmaterial: Ulrich Tragl http://www.ul-tra.de.vu
- http://www.zahnbehandlung-ratgeber.de/zahnlexikon/zahnhygiene.php
- http://www.onmeda.de/krankheiten/zahnerkrankungen.html
- http://www.onmeda.de/krankheiten/karies.html
- http://www.onmeda.de/zahnmedizin/zahnpflege/zahngesunde_ernaehrung.html
- http://www.gesundheit.de/wellness/gesunde-zaehne/zahnpflege/regelmaessiger-zahnarztbesuch-die-basis-fuer-lebenslange-zahn-und-mundgesundheit
- http://www.kariesvorbeugung.de/html/karies_empfehlungen.htm
- http://de.wikipedia.org/wiki/Kurzfilm
- http://de.wikipedia.org/wiki/Darstellendes_Spiel
- http://astrid-lindgren-schule-hesselhurst.de/index.htm

9.Anhang

9.1. Elternbrief

18.02.2013

Liebe Eltern,

vor den Fasnachtsferien habe ich mit den Schülerinnen und Schülern der HS1 das Unterrichtsvorhaben für meine Facharbeit zur „Zahnhygiene" durchgeführt. Wir haben die Zahnputztechnik KAI (Kauflächen, Außenflächen, Innenflächen) geübt, gelernt, welche Produkte wichtig für die Zähne sind und was ihnen schadet, über zahngesunde Nahrung und Zahnerkrankungen gesprochen und einen eigenen kurzen Film von uns gedreht.

Am Donnerstag, dem 28.02.2013 besuchen wir in O. eine Zahnarztpraxis. Da wir an diesem Tag in der Stadt zu Mittag essen, geben Sie Ihrem Kind bitte 4 Euro mit.

Mit freundlichen Grüßen

Stephanie Rix (Fachlehreranwärterin in der HS1)

9.2. Drehbuch

Reporter: „Prof. Dr. Zahnstein, was sagen Sie als Experte: Was sind die vier wichtigsten Regeln, um die Zähne gesund zu erhalten?"

Doktor: „Zähne putzen, zahngesunde Ernährung, wenig Süßes und zweimal im Jahr zum Zahnarzt gehen."
(Kärtchen dienen als Erinnerungsstütze)

Schüler mit „schlechten" bzw. hier gefärbten Zähnen kommt herein.
Schüler: „Aber ich putz doch immer meine Zähne!"
Doktor: „Du musst deine Zähne jeden Tag putzen. Zweimal am Tag."
Reporter: „Worauf muss man denn beim Zähneputzen besonders achten? Wie putzt man richtig?"
Doktor: „Am besten mit der KAI- Zahnputzformel."
(Kärtchen zeigen und ein Schüler macht es vor)

Reporter: „Was kann man denn noch benutzen, damit die Zähne sauber werden?"
Doktor: „Zahnseide und Mundspülung. Mundspülung macht die Bakterien kaputt."